MALI EROTSKI KUVAR
(GARNIRAN ESEJIMA)

MALI EROTSKI KUVAR (GARNIRAN ESEJIMA)

Erotika i kuhinja kroz vekove

OLIVER JANKOVIĆ

Globland Books

EROTIKA I KUHINJA KROZ VEKOVE

Možemo konstatovati bez sumnje da su seksualnost i hrana dva od nekoliko najvažnijih činilaca života na Zemlji. Kako za pojedinca, tako i u globalu, kako za čoveka, tako i za sav živi svet. Seksualnost shvaćena u smislu produžavanja, a hrana u smislu održavanja života idu pod ruku već milionima godina.

U drevna vremena mistika i religija imale su veliki uticaj u procesima setve i oplođavanja. Taj uticaj se očuvao do današnjeg dana u pojednim plemenima i ljudskim zajednicama koje su uz sticaj određenih okolnosti želele i smogle snage da ostanu po strani od glavnog civilizacijskog toka čovečanstva. Setva se nije mogla zamisliti u vreme Stare Grčke bez opštenja (misli se svakako na seksualno opštenje) muškaraca i žena ili žena i kentaura, kao što se vidi iz knjige *Zlatno runo*: „I kako misliš da će ječam rasti, ako Konjovići ne budu prisutni prilikom svetkovine setve, da se sadruže sa mnom i mojim Ribama ženama pred očima Bele Boginje..."[1]

Osim ovoga, istorija Stare Grčke daje nam i druge zanimljive primere povezanosti seksualnosti i hrane i možemo ih pratiti u svetlu razvoja države i zajednice s jedne i antropologije s druge strane.

Od kad Solon počinje da propisuje zakone vezane za prostituciju, pojavljuje se čitav jedan milje kauzalnih veza. U srednjem sloju žena koje su se bavile prostitucijom u Staroj Grčkoj, hrana ima veliki značaj. Reč je o tzv. Auletridama, za koje je hrana predstavljala sastavni deo ambijenta koji ih okružuje. Gozbenici prvo uživaju u muzici i plesu Auletrida (jer su one bile čuvene po svojoj muzikalnosti) i u hrani, a kasnije i u telima zabavljačica.

Može se zamisliti ovaj prizor: bogata, egzotična trpeza, neprestano točenje vina, čudna, uzbudljiva muzika i iznad svega lascivni pokreti gotovo nagih devojaka koje plešu... Atenej opisuje jedan sramni prizor koji se odigrao na svečanom doručku koji je Antigon priredio arkadijskoj delegaciji: „Tada se ispijanje vina ubrzalo, a zatim su ušle, među ostalim zabavnim tačkama one tesalske devojke koje su po svom običaju plesale samo u pregačama, bez drugih pokrivala, stari se ljudi više nisu mogli suspreći, već su se digli sa svojih ležaljki, kličući glasno divnom prizoru koji su gledali..."[2]

Kao što se iz ovoga može videti, atmosfera prožeta erotskim nabojem, još više se intenzivira konzumiranjem hrane i pića. Ono što je nekad činjeno zbog mistike i religije, sada (mislim dakako na Solonovo vreme) se čini za novac.

Približavajući se novijim vremenima dolazimo do rimskog perioda. I ovde ćemo, kao i u Grčkoj epohi, naći priličan broj primera koji spajaju seksualno, erotsko i kulinarsko. Ovde su užici, da tako kažemo još kompleksniji. Rimljani su nadmašili Grke u brutalnosti i raskalašnosti. Zabave u odajama cezara nadmašuju grčke po brojnosti i izobilju. Jednu vrlo „korisnu" stvar u tim zabavam Rimljani su nasledili od Grka — ležaljku ili počivaljku. Ležeći se hrana i piće mogu najlakše konzumirati. „Kao što smo videli rimski su običaji dozvoljavali ženama prisustvo za jelom. Uobičajeno je bilo da se pri jelu leži na počivaljci. Kada je vladanje postalo slobodnije, muškarci i žene bi delili istu počivaljku u najužem dodiru."[3]

Zadržaćemo se na još dva zanimljiva momenta vezana za rimski period. Kod Rimljana je glavno poljoprivredno božanstvo bio Liber. On je bio združen s plodnošću životinja i zemlje. „...za vrijeme Liberove svečanosti taj opsceni organ, stavljan je na kolica, nošen uz velike počasti najpre preko raskršća i po kraju, a zatim po gradu... A u gradu Laviniju čitav je jedan mjesec bio posvećen samo svetkovini Libera... pri čemu je bilo potrebno da na taj nedolični organ, najuglednija žena položi vijenac u prisutnosti svih ljudi."[4]

Drugi momenat je vezan za Prijapa. Veličina njegovog polnog organa je bila nesrazmerna s ostalim delovima tela. Njegova funkcija je bila da štiti zasađena polja, ali je imao i svoj udeo i u ljudskoj plodnosti. „...Takve su se statue (Prijapa) pravile od najrazličitijih materijala: metala, stakla, drva, pa čak i tijesta. Ove potonje iznosile su se na gozbama na stol i donekle su nalik na naše figurice od čokoladnog biskvita... Zdjela sa slatkišima stavljena je sada ovdje (na sto) a Prijap što ga je izradio slastičar stoji u sredini noseći najraznovrsnije voće i grožđe u svojoj širokoj pregači, u uobičajenom stilu."5

Ovoj figurici Prijapa vratićemo se još jednom, kad budemo razmatrali neke događaje u XX veku.

Moglo bi se pomisliti da je u Evropi u srednjem veku zbog jačanja uticaja katoličke crkve, došlo do gušenja bilo kakvog iole javnijeg manifestovanja ljudske seksualnosti. To je samo delimično tačno, jer se u raznim periodima i državama različito gledalo na erotske zabave u sprezi sa hranom i pićem.

Za ono što nas u ovom razmatranju konkretno interesuje — vezano za ljudsko ponašanje — erotiku i kuhinju, tj. u širem smislu hranu — možemo, vezano za srednji vek, navesti jedan dobar primer. To su javna kupatila. Ona su nastala u XII veku i Pariz je, na primer, imao maltene u svakoj ulici po jedno. Javna kupatila su bila popularna i u Nemačkoj. U početku su se muškarci i žene kupali zajedno. Kupalište se sastojalo od kade za pet-šest osoba, a bilo je i onih manjih, za dve osobe — koje su želele veću intimnost za vreme kupanja. Pored kupatila nalazila se i jedna soba za presvlačenje. Tokom vremena razvile su se i druge usluge, pa se moglo jesti i zabavljati. „Rano ujutro bi banjar rogom oglasio ulicama da je sve spremno. Ljudi nižih staleža skinuli bi se tada gotovo nagi kod kuće i pošli ulicama do kupatila. Gvarnonius tvrdi da su se i pristojno odgojeni građani i njihove žene skidali do gola u svojim kućama i tako nagi išli ulicama do kupališta."6

U novije vreme nemoguće je navesti sve uzajamne veze erotike i kuhinje. Zbog toga ćemo nabrojati samo nekoliko primera koji su direktnije vezani za ono što razmatramo u ovom predgovoru. Izgleda neobično, ali je zaista tako: i dan-danas postoji ekvivalent plodonosnih obreda Starih Grka i rimskog boga Libera, naravno, u nešto modifikovanom vidu i ovoga puta vezan ne za setvu, već za ubiranje letine s njiva. U okolini Subotice u Srbiji u selima još živi običaj (pretpostavljam da ga još uvek ima, jer ovaj podatak je iz 1972. godine) pola žetve — pola ljubakanja. „Običaj koji se zove „divan" izvodi se za vreme žetve, u julu i avgustu mesecu svake godine. To je stari praznik. Posvećen mobarima, onima koji dolaze da pomognu pri žetvi. Moglo bi slobodno da se kaže da je to u stvari, neka vrsta današnjeg žura, pa čak i seksualne orgije. Ovaj običaj su još i austrougarske vlasti zabranjivale. To se desilo 1745. godine, pod motivacijom „nemoralnog ponašanja i širenja veneričnih bolesti". Pa i pored toga on se održao sve do današnjih dana."[7]

Posle uspešnog skupljanja prinosa s polja mobari — dobrovoljni radnici, skupljaju se kod domaćina koji ih je sazvao, večeraju, piju, a posle toga spavaju s njegovom ženom i ćerkama. Žene i ćerke se u početku nećkaju, ali ipak ne odbijaju mobare, jer je to deo ceremonije.

Autor članka u daljem tekstu navodi da je narod u tim selima pokatoličen, ali je zadržao sve pravoslavne običaje. Ovde ne čudi što je crkva, bilo katolička ili pravoslavna prihvatila taj običaj, jer smo iz ovog predgovora sasvim jasno ustanovili da takvi obredi vuku jake korene iz mnogobožačkih religija — više čudi velika vitalnost ovog procesa, koji se bez obzira na ostale činioce odvija već oko dve hiljade četristotine godina. Možda su stari narodi, pošto su bili bliži prirodi nego mi danas, shvatili jednu veliku mudrost — da je čovekova plodnost u smislu ubiranja plodova koje je on zasejao i nastavljanje ljudske vrste, samo jedan mali deo plodnosti, da ne kažem specifične „seksualnosti" prirode. Upravo zbog toga prastari običaj ne razlučuje te dve vrste „seksualnosti", nego „seksualnosti" prirode prilaže i ljudsku aktivnost te vrste.

Još uvek smo u sedamdesetim godinama XX veka. U Engleskoj sredinom sedme decenije prošlog veka došlo je do pojave tzv. „erotskih domaćica". Domaćica, koju inače poznajemo kao manje-više neurednu osobu, često s viklerima u kosi, prelazi u ofanzivu da bi zainteresovala svog ravnodušnog muža. Domaćice se svlače u izazovno donje rublje, preko toga vezuju samo kecelju i tako služe ručak ili intimnu večeru uz sveće. Ovo je pravi mali medaljon ljudske lucidnosti u želji za novotarijama.

Osamdesetih godina se u Evropi i Americi pojavljuje specijalna vrsta pekara — erotske pekare-poslastičarnice. Pekarsko i poslastičarsko umeće tu se stavlja u službu modeliranja muških i ženskih polnih organa i ostalih erotskih simbola. Može se kupiti ili naručiti sve što kupcu padne na pamet, a ima veze sa erotikom — od ženskih nogu od marcipana, koje vire iz torte, do muških torzoa s naglašenim penisom. Kupac to može pojesti sam, ili što je interesantnije i bolje s prijateljicom ili celim društvom. Tako opet, samo na malo modifikovan način i iz drugih razloga, dolazimo do figurice Prijapa od testa. Da li se to istorija seksualnosti i ljudskog ponašanja u vezi sa njom ponavlja? Stari Rimljani su spregu seksualnosti i hrane veoma usavršili i nije ni čudo što se vraćamo nekim njihovim idejama. Ne verujem da je neki poslastičar čitao o figuricama Prijapa od testa. Pre bih rekao da ljudski rod ima puno toga zajedničkog sa svojim davnim precima u oblasti seksualnosti, a da svi (ili bar većina) volimo dobro da pojedemo, to ne treba ni spominjati. Ma koliko to negirali, naša razmišljanja u vezi sa seksom i hranom nisu daleko od grčkih i rimskih. Zaodenuta su, kao i njihova svojevremeno, plaštom odgovarajućih civilizacijskih normi, koje su nekad važile u njihovim, a sada važe u našim društvima. Kao i u mnogim drugim stvarima, tako i po tom pitanju, ljudska suština se skoro nije promenila. Kako inače da shvatimo, na primer, običaj najbogatijih

Japanaca, da konzumiraju hranu posutu tanušnim zlatnim listićima, ako ne kao želju za obiljem nekadašnjih rimskih nobila.

Sledeći korak erotike i kuhinje je konzumacija direktno sa ljudske kože. U tu svrhu se koriste žene (koje najčešće leže na nekom velikom trpezarijskom stolu) na čije telo se servira nekoliko različitih jela ili vrsta hrane, pri specijalnim intimnim prijemima, ili zabavama zatvorenog tipa.

Erotsko-antropološki kuvar koji ovde prezentujem, otišao je još jedan mali korak dalje: ne nekoliko jela, hleb i začini, rasprostrti po telu žene, više da se proizvede efekat, a manje da se to može praktično primeniti, nego konkretan kulinarski recept postavljen na određeni deo tela, sa savetom kako najbolje konzumirati to jelo i kratkim esejom koji je u povezan sa tim receptom.

Bogata riznica iz koje sam crpio ideje i sižee za ovaj kuvar je zapravo istorija čovečanstva, koja je prepuna različitih oblika ljudskog ponašanja, običaja, legendi i tabua u vezi sa seksom. Njih je nemoguće sve nabrojati i sistematizovati. Pošavši od teze da posle akcije sledi kontemplacija, odnosno da — tamo gde završava erotika počinje esej — pokušao sam da kroz eseje predstavim i približim današnjem čitaocu (često uz kritičke opaske i komentare) bogatu istoriju i ništa manje bogatu sadašnjost ljudske seksualnosti. Pored opaski i komentara naći će se i poneki esej zaodenut humorom, jer njega je bilo i biće ga u svim ložnicama i ljubavnim gnezdima na svim meridijanima. Ponekad kroz esej provejava i doza ironije, koja se sigurno mnogima neće svideti, a njena oštrica je naročito usmerena na naše tehničke civilizacije, koje su na najboljem putu, da od tehnike umesto dobrog sluge — naprave lošeg gospodara.

Na kraju, kao što glasi stara latinska poslovica (koju često citiram u esejima) *De gustibus non est disputandum* — kome se eseji ne sviđaju, ne mora ih čitati. Ipak, kao što čovečanstvo predstavlja koherentnu celinu samo ako ga posmatramo s njegovom istorijom civilizacije, tako i ovaj kuvar čini celinu samo ako ga akceptiramo i čitamo zajedno s njegovim antropološko-esejističkim delom.

Tako figurica Prijapa, prelamajući se i kroz ovaj kuvar, opet menja formu, da bi noseći svoju nepromenjivu suštinu išla dalje, uporedo s ljudskom civilizacijom.

[1] Grevs, Robert: *Zlatno runo*
[2] Henriques, Fernando Dr: *Istorija prostitucije*
[3] Navedeno delo, str. 95
[4] Navedeno delo, str. 102
[5] Navedeno delo, str. 103.
[6] Navedeno delo T II, str. 50
[7] Časopis „ČIK" br. 14, Beograd, 1972. str. 43

NEKOLIKO PRAKTIČNIH SAVETA UZ KUVAR

Način života u ekonomski razvijenim zemljama pri kraju XX i prvim decenijama XXI veka ima jednu manu, mada bi to neki nazvali vrlinom — preveliku dinamičnost. Tempo je takav da ljudska jedinka ima sve manje vremena za sebe, porodicu, okolinu.

Posledica ovoga je zamor, prezasićenost, ponekad i otupelost. Polako zaboravljamo da budemo maštoviti, da prijatno iznenadimo sebe i druge. Muškarac postaje sve manje dobar otac, prijatelj, muž, sve monotoniji ljubavnik. Žena takođe gubi bitku sa obavezama — na večernjim zabavama je umorna (diskretno gleda na sat), u bračnu, ili postelju ljubavnika stiže iscrpljena i često neraspoložena. Ujutru se bude i karusel počinje iz početka... A zapravo, za neke male radosti i sitnice koje će ga razonoditi, čoveku ne treba puno vremena.

Kad jednom ustanovite da vam je zainteresovanost za seksualni život u priličnom padu i kad odlučite da „nagazite na kočnicu" uzmite ovaj specifični kuvar i pokušajte...

Ovde su sve kombinacije oko partnera, partnerki i kombinovano, moguće. U zavisnosti od obostranih interesa, vremena i prilika (a delimično i od vaše veštine) izabraćete recept — ili recepte koji vam odgovaraju. Jela se mogu praviti i konzumirati u bračnoj postelji, vikendici, pri susretu ljubavnika, intimnoj večeri u trpezariji s još jednim parom, na jahti za vreme krstarenja, u kolima za vreme predaha, u prirodi, i na još mnogim drugim mestima.

Naravno, pre svega treba voditi računa o higijeni, jer će inače doći do degutantnih momenata. Toplo preporučujem tuširanje partnera i partnerke pre i posle konzumiranja jela napravljenih na osnovu ovih recepata. Što se tiče bojazni da se ne zaprlja pokućstvo ili okolina — na to slobodno zaboravite. Veliki najlon prebačen preko kreveta, trpezarijskog stola ili tepiha, rešiće sve probleme. Hteo bih da ukažem na još jedan važan momenat u vezi sa toplim jelima. Ne plašite se da ćete opeći vašu partnerku (partnera). Ako prvo probate hranu i pri tom se pokaže da nije previše topla, slobodno je stavite na kožu. Koža, naime, može podneti istu temperaturu kao i usne.

Ceo ovaj kuvar, a takođe i svaki pojedini recept, trebalo bi prvenstveno da posluži kao ideja, da probudi vašu sopstvenu maštu, da vam da podstrek. Da li će konzumiranje nekog recepta završiti samo time, ili će doći do odnosa ili nečeg drugog, prvenstveno zavisi od partnera i partnerke. U načinu serviranja kod svakog recepta sam koristio termin „partnerka". Naravno da iz toga ne mora da proizilazi da partner uvek priprema recept, a parnerka čeka da posluži kao „živi poslužavnik". Uloge mogu i treba da se menjaju što češće.

Može se pojaviti i problem „konfiguracije tela". To zapravo znači da, ako je partnerka sitna i mršava, na njen grudni koš neće moći da se smesti sve što je planirano u nekom receptu. U tom slučaju treba smanjiti količinu namirnica, ili se snaći na neki drugi način.

Osnovna svrha ovog kuvara i nije da od vas napravi vrhunskog kulinara, ili da se previše najedete, nego da to bude lagani, pomalo afrodizijački obrok, neka vrsta zagrevanja za ono što odlučite da radite kasnije.

Dakle, nemojte sebi štopovati vreme, pustite svojoj mašti na volju i — prijatno.

Autor

HLADNA JELA

I

LAŽNE KNEDLE OD SIRA

Potrebne namirnice:
250g mekog, masnog sira, 6 kolutića čajne kobasice, 6 maslina bez koštice, prezle.

Način pripremanja:
Sir podeliti na dvanaest grudvica veličine oraha ili nešto manje. Kolutiće čajne kobasice iseći napola, pa to isto učiniti s maslinama, zatim ih uvaljati u grudvice sira, da se dobiju loptice pravilnog oblika — knedle. Zatim sve knedle uvaljati u prezle.

Način serviranja:
U svaku knedlu zabosti čačkalicu, pa ih poređati sa obe strane tela (partnerka leži na leđima), duž udubljenja koje čine nadlaktice i grudni koš, kad su ruke ovlaš priljubljene uz telo.

MAJKA I MAĆEHA

Penjući se po lestvicama tehničke civilizacije i prilagođavajući pri tom prirodu sebi i svojim potrebama, čovek se istovremeno udaljava od nje. To udaljavanje i gubljenje veze sa njom predstavlja glavni izvor ljudske tragedije.

Majka priroda će se sve više pretvarati u maćehu prirodu, opirući se devastaciji koju čovek vrši nad njom.

A naša tehnička civilizacija? Ona je krhka i lažna, kao što su lažne i knedle od sira iz naslova ovog recepta. Dovoljna je jedna ozbiljna havarija pa da čitave oblasti ostanu bez struje, da sve stane i da deo našeg tehničkog sveta padne na kolena.

Jedina šansa čovečanstva je da se prema prirodi postavi kao ravnopravan partner, a ne njen tutor i naredbodavac. Međutim, čini mi se da smo ovu šansu već pre par decenija nepovratno propustili.

2

NAMAZ OD SARDINA

Potrebne namirnice:
1 konzerva sardina, 1 kašičica maslaca, sok od jednog limuna, desetak maslina bez koštica, 1 tvrdo kuvano jaje, peršun, 2 kriške ne suviše mekog hleba.

Način pripremanja:
Izvadite iz sardina kičmu pa ih izgnječite viljuškom. U to stavite maslac, jaje i limunov sok po želji, pa sve lepo izmešajte. Hleb isecite na kockice i nanesite namaz na njih. Na svaku kockicu stavite jednu maslinu.

Način serviranja:
Kockice poređajte na malom stomaku u obliku ribe (partnerka leži na leđima). S jedne strane stavite peršun na mesto ribljeg repa i s gornje strane na mesto leđnog peraja. Konzumirajte pažljivo usnama, pomažući se po potrebi prstima.

PRAPOČETAK

Namaz od sardina obavezno servirajte na velikom trpezarijskom stolu koji ćete prekriti plavim stolnjakom (može i mušemom, ali bitno je da je plave boje jer će vam to biti mala zamena za more). Dok uživate u ovom jelu, napolju se hvata kasni letnji sumrak, a do vas dopire temperamentna a ipak setna južnjačka muzika. Opustite se i zaronite duboko, duboko, i ne plašite se... Svi smo mi jednom davno bili stanovnici okeana, da ne kažem ribe...

3

PUNJENI PARADAJZ

Potrebne namirnice:
4 veća tvrda paradajza, 4 kašičice kuvanog pirinča (kuva se u slanoj vodi 15-20 minuta), 1 konzerva tunjevine, 1 kašičica ulja (najbolje maslinovog), malo vinskog sirćeta, so, biber.

Način pripremanja:
Odsecite paradajzima vrh, izdubite ih i ostavite naopako da se ocede. Tunjevinu izgnječite viljuškom, dodajte pirinač i ulje. Ovu smesu posolite i zabiberite pa njome napunite paradajze.

Način serviranja:
Partner leži na boku nogu savijenih u kolenima. Jednu butinu neka povuče malo unazad. U tako nastali procep između butina staviti paradajze jedan do drugog. Jesti počevši od kolena ka preponama.

MALA SAGA O PARADAJZU

Kao što je poznato, paradajz vodi poreklo iz Južne Amerike. U srednjem veku Evropljani su verovali da je otrovan. Tu famu razbio je kuvar jednog plemića, pokušavši njime da ga otruje. Videvši plemićevo zadovoljno lice zbog novog jela, izvršio je samoubistvo. Dakle, paradajz garantovano nije otrovan i zato slobodno uživajte u njegovom ukusu, bogatstvu vitamina i ostalim sastojcima ovog recepta. A što se tiče jadnog kuvara — on nije ni prva ni poslednja žrtva kulinarske veštine, jer se u njoj odvajkada krila i trunčica misterije...

4

KOMBINOVANA SALATA

Potrebne namirnice:
100g parizera (može i mortadela), 50g sira, 1 manja kisela jabuka, 1 kašičica senfa, malo peršuna, 2 kašičice ulja, 2 jaja, 1 kašičica limunovog soka, so, biber.

Način pripremanja:
Skuvajte jaja da budu tvrda, a za to vreme isecite salamu, sir i jabuku na kockice, pa dodajte iseckan peršun. Kad oljuštite jaja, belance izgnječite viljuškom pa dodajte u salatu. Posebno izgnječite žumance i senf dok ne dobijete glatku smesu. Dok mešate sve zajedno polako dodajte ulje. Stavite na kraju začin i limunov sok.

Način serviranja:
Salatu sipajte u dublju, okruglu činiju odgovarajuće veličine. Kada salata poprimi oblik posude, činiju okrenite tako da salata dođe na grudni koš odmah ispod ključnjača. Prilikom ovoga pazite da salata

što više zadrži okrugli oblik činije (za vreme konzumiranja partnerka leži na leđima). Salatu konzumirajte kašičicom i jezikom.

Pre nego što pređemo na esej koji prati ovaj recept mogli bismo da se složimo (ili ne) sa sledećim aforizmom koji sam napisao davno pre nastanka ovog kuvara: „Najveća dubina na svetu je dubina ženskog dekoltea".

LEPE I NEPRIMERENE

Jedan od nesumnjivih atributa ženske seksualnosti, grudi, defiluju kroz slikarstvo, maltene od samog njegovog nastanka. Pokrivene manje-više providnim velovima, otkrivene, istaknute, osenčene, i ko zna još kakve...

Ipak, i pored interesovanja davnih slikara za ovaj okruglasti par ženskih atributa, postoje i slike na kojima su sise jednostavno neprimerene. Bogorodica sa malim Hristom u naručju je izuzetno mnogo prikazivana, a zanemarljivo mali broj tih slika prikazuje momenat kad Hrist sisa, pri čemu se, razume se, bar delimično mora videti Bogorodičina dojka.

Jedan od najočiglednijih slučajeva neprimerenosti ženskih grudi na slici potiče iz kičice poznatog Ežena Delakroa. Njegova Sloboda na slici *Sloboda vodi narod* ima prekrasne, ali sasvim nerazložno razgolićene grudi. Ostaće i nadalje nejasno da li se ona razgolitila zbog hrabrosti, zbog želje da goloruka, tj. golim grudima nasrće na bastione, ili će mlekom (naravno simboličnim) iz tih lepih grudi hraniti pobunjeni narod. A možda bi ta slika, kao i mnoge druge iz tog perioda, bila zaboravljena, da Sloboda nije tako sisata? Ko zna?...

5

EGZOTIČNA SALATA

Potrebne namirnice:
50g pirinča, 100g graška, 100g boranije (može iz konzerve), 1 limun, 1 grejpfrut, 8 oljuštenih oraha, 3 kašičice ulja, 2 viršle, so, biber.

Način pripremanja:
Staviti pirinač u slanu vodu da se kuva 15-20 minuta. Viršle kuvajte 10 minuta, pa ih posle isecite na komade zajedno s grejpfrutima. Stavite grašak i boraniju da se malo prokuvaju (oko 20 minuta) dok ne odmeknu, a ako ste ih izvadili iz konzerve onda ih isperite vodom. Pirinač ostavite da se hladi, a takođe i grašak i boraniju ako ste ih kuvali. Zatim u većoj posudi pomešajte povrće, viršle, grejp i pirinač, ali pažljivo da se ne zdrobe. Posudu sa salatom stavite u frižider da se ohladi. Za to vreme u manju posudu stavite ulje i sok od limuna, dodajte biber i so, pa to malo promešajte.

Način serviranja:
Sadržaj pažljivo i naglo istresite na trougao između venerinog

brežuljka i sklopljenih butina (partnerka leži na leđima), tako da se ne izgubi oblik. Preko salate prelijte ulje i sok od limuna, i salatu ukrasite orasima. Konzumirajte malom kašičicom i jezikom.

BEKSTVO U EGZOTIKU I OD NJE

Ko ne bi voleo netaknutu divljinu, vrhove snežnih planina na čiji sneg nije kročila ljudska (ili bar ne noga civilizacije) ili beskrajne peščane plaže nastanjene ljubaznim domorocima, čije žene umesto odeće nose na sebi cveće, jer je to praktičnije i kudikamo lepše.

Posle nekoliko dana ili nekoliko nedelja počinje da nam nedostaje sve ono od čega smo pobegli u egzotiku. Nema telefona, buke, vreve. Čini nam se da se ništa ne događa. Počinje da nas nervira monotoni šum talasa i obilje insekata. To nas sustiže prokletstvo stare latinske poslovice: *Omnia mea mecum porto* — Sve svoje nosim sa sobom.

Gde god da krenemo uvek nosimo sa sobom svoje navike i frustracije. Od civilizacije i možemo pobeći, ali od sebe sigurno ne možemo.

Zato neki, znajući ovo, umesto odlaska u netaknute daljine, više vole da ih gledaju u obliku TV reportaže.

6

„JEDRILICE" OD ŠUNKE

Potrebne namirnice:
5 tankih kriški šunke, 1 šoljica kuvanog pirinča, 50-70g jetrene paštete, 1 kašika putera, 5 tankih malih kriški žutog sira za „jedra", so, biber, pola veze peršunovog lista.

Način pripremanja:
Kuvanom pirinču dodajte veoma sitno iseckan peršun. Upalite rernu pa dobro promešajte puter i jetrenu paštetu da dobijete glatku masu. Njome namažite kriške šunke pa na njih stavite jednake delove pirinča, a onda svaki deo savijte u rolnicu, pazeći da se ne raspadne. Čačkalicama probodite do pola rolade od šunke. „Jedrilice" stavite u rernu da se malo zapeku (oko 10 minuta) i izvadite ih. Na čačkalice pažljivo stavite „jedra" od kačkavalja.

Način serviranja:
Čim se rolnice malo ohlade, toliko da ne budu vruće, servirajte ih u obliku slova „v". Jednu „jedrilicu" stavite na apolonov brežuljak,

a ostale četiri rasporedite levo i desno po stomaku prema grudima partnera koji leži na leđima. Konzumirajte ih jezikom i usnama u suprotnom smeru, odozgo nadole. Kada dođete do krajnje donje „jedrilice", tik uz penis vašeg partnera, ne bi bilo loše da se prisetite stare latinske sentence: *Penis bonus, pax in domus.*

PANDORINA KUTIJA UMESTO RAJA

Pri samom pominjanju reči jedrilica, odmah pomislimo na neke daleke, egzotične krajeve. Međutim, čovečanstvo je palo na najvažnijem ispitu koji život stavlja pred nas — ispitu prirode. Oglušili smo se o njen glas da čak i svaka travka ima svoju svrhu — ako nije hrana nama, sigurno je to nekoj životinjskoj vrsti, ili je lek protiv neke od mnogobrojnih bolesti koje napadaju bez razlike sve pripadnike flore i faune na planeti.

Poremetivši neverovatno iznijansiranu ravnotežu u skoro svim lancima prirode, počevši od lanca ishrane, pa do ekološke ravnoteže, čovek sve dalje poseže za novim naučnim otkrićima i istovremeno ih neretko koristi na pogrešan način ili u pogrešne svrhe. Već sad genetski modifikovanu hranu, uskore će jesti — genetski modifikovani ljudi.

Uloga Demijurga koju smo prigrabili, ne stvara za čoveka novi raj na zemlji — ona može samo još više da otvori već odškrinutu Pandorinu kutiju.

7

KANAPEI „IZLAZEĆE SUNCE"

Potrebne namirnice:
4 kriške francuskog hleba (hleb može biti i običan ali onda kriške moramo seći na četiri umesto na dva dela), 1 tvrdo kuvano žumance, 8 komadića praške šunke, 8 crnih maslina, malo putera.

Način pripremanja:
Kriške francuskog hleba isečemo napola pa ih namažemo s malo putera i posolimo. Na svako parčence hleba stavimo listić praške šunke i izrendamo žumance preko šunke. Na kraju, na svaki kanape stavimo po jednu maslinu.

Način serviranja:
Kanapee počnite polukružno da ređate od jednog kuka prema drugom. Partner leži na leđima. Veličinu polukruga odaberite sami s

tim što bi centar tog polukruga trebalo da bude apolonov brežuljak vašeg partnera.

KOZMETIČKI SALON ZA MUŠKARCE

Nekad je Japan bio čuven po svojim gejšama, a onda je tu i tamo počeo da nas iznenađuje i to ne samo elektronskim čudima. Iznenađenje su svojevremeno bile i čuvene japanske kuglice (koje stavljene u vaginu, navodno izuzetno povećavaju užitak žene za vreme seksualnog odnosa).

Sada su na red došli muškarci. Kozmetički saloni za muškarce postali su hit u Japanu poslednjih godina XX veka, a taj trend se nastavlja i u prvim decenijama XXI veka. Lekovita ulja, čišćenje lica, masaža... U potrazi za lepotom sve više Japanaca odlazi na ovakve tretmane. A šta će im to, upitaće vatrene feministkinje i poneki konzervativac. Odgovor bi mogao da glasi: A zašto ne biti lepši (i pomalo narcisoidniji) ako to ne predstavlja udar na standard klijenata ovih salona.

Možda neće biti na odmet da ovde navedemo mišljenje jedne nepoznate, ali očigledno iskusne članice jednog od mnogih ženskih foruma, koja je napisala sledeće: „Muškarcima je lako upravljati, zbog toga što su povodljivi. Glavni krivac za to je njihov penis".

8

TATARSKI UMAK S TUNJEVINOM

Potrebne namirnice:
2 tvrdo kuvana jaja, 1 kašičica sirćeta, so, biber, 50ml ulja, 1 konzerva tunjevine.

Način pripremanja:
Žumanca izmiksujemo, izmešamo ih sa solju, biberom i sirćetom. Zatim polako dodajemo ulje sporije miksujući.

Način serviranja:
Partnerka leži na boku, ruke sklonjene sa rebara. Na rebra sve do kuka nanesemo deblji sloj tatarskog umaka, a onda tunjevinu isitnimo na komadiće i rasporedimo je duž premaza. Konzumiramo kašičicom i jezikom.

TEMUDŽIN

Rat je star koliko i civilizacija, ako čak nije i malo stariji od nje. U istoriji se ratovalo na najrazličitije moguće načine, a oružja su varirala, od sekire do atomske bombe.

Kad se malo bolje osvrnemo na tu dugu i krvavu prošlost ljudskog roda, uvidećemo da su *blitzkrieg*, zapravo pronašli još Tatari početkom XIII veka. Oni su svojom lakom konjicom jašući danju i noću za kratko vreme prevaljivali, za ona vremena, velika rastojanja.

Da bi što manje vremena trošili na pripremanje hrane (jer su i najsavršeniji ratnici trebali nešto da pojedu), pod sedla su stavljali tanko isečen komad junetine, koji bi se usled dugog jahanja „sam prigotovio".

Sirovo meso je budilo njihove instinkte i nagone, pa su pored junačkih podviga bili poznati i po silovanju svojih žrtava i okrutnim smaknućima protivnika.

Današnji tatarski biftek, osim što je dobro samleven i začinjen, ne razlikuje se puno od onog iz XIII veka. Čak i činjenica da je za najistaknutiju ličnost drugog milenijuma (u Nemačkoj) izabran jedan od najvećih svetskih osvajača Temudžin Džingis-kan, ne ide u prilog civilizaciji, već ratu i tezi da će ratovi trajati koliko i civilizacija, pa možda i malo duže od nje...

9

BADEMOV MASLAC SA ŠUNKOM

Potrebne namirnice:
20g oljuštenog badema, 50g maslaca, 50g praške šunke, 50g tvrdog sira, 1 kriška hleba isečena u kocke.

Način pripremanja:
Badem sitno narendati i dobro ga izmešati sa maslacem. Šunku i sir iseći na kockice. Bademov maslac sipati u špric za torte.

Način serviranja:
Kockice šunke, sira i hleba staviti na stomak partnera (on leži na leđima). Špricom za torte napraviti krug oko bradavica, a na samu bradavicu staviti jednu malu gomilicu bademovog maslaca. Kockice konzumirati čačkalicom, a bademov maslac jezikom i usnama.

EROGENE ZONE

Svako živo stvorenje ima erogene zone, naravno ne u previše bukvalnom značenju te reči. Analogno tome i naša planeta, koja je po kriterijumima astronoma još uvek živa, mada ne i odveć živahna, mogla bi ih takođe imati. O tome svedoči i sledeći duhoviti slogan sa jedne porcelanske šolje sa Balkana s početka XXI veka:

„Žena je kao svet:
Sa 20 je kao Afrika, nedovoljno istražena.
Sa 30 je kao Indija, topla, zrela i misteriozna.
Sa 40 je kao Amerika, tehnički savršena.
Sa 50 je kao Evropa, trošna i puna istorije.
Sa 60 je kao Sibir, svi znaju gde je, ali nikom se ne ide kod nje."

Lično mislim da je autor ovih sentenci načinio veliki propust ne spomenuvši Južnu Ameriku. Ona možda nije vrelija od Afrike, ali je po količini lepotica svakako ispred svih ostalih kontinenata... U međuvremenu, i dalje čekamo šolju koja će na sličan način klasifikovati muškarce...

10

KESTEN PIRE SA SLANIM PRELIVOM

Potrebne namirnice:
50g majoneza, 100g kisele pavlake, peršun, 20 kuvanih kestena.

Način pripremanja:
Kestenje skuvamo i oljuštimo. Majonez, pavlaku i peršun, prethodno iseckane, izmešamo kašikom, a može i mikserom, ali ne dugo.

Način serviranja:
Ravnjačom za torte nanesemo u debelom sloju preliv na grudi partnerke koja leži na leđima. Kada smo na taj način formirali neku vrstu grudnjaka, stavljamo kuvani keseten u preliv. Konzumiramo kašičicom i jezikom.

UNIKATNI GRUDNJAK

Razne preteče savremenih grudnjaka pojavljuju se još u osvit civilizacije, ali ono što podrazumevamo pod današnjim prslučetom nastalo je razdvajanjem korseta, zapravo steznika. Gornji deo je prerastao u grudnjak. Prvi odevni predmet takve vrste pojavio se u Parizu 1889. godine, a izradila ga je Ermin Kadol, vlasnica salona za izradu ženske odeće. Izrađen je od svile i pratio je oblik grudi, ne stežući ih i ne sakrivajući njihovu veličinu.

Za više od sto godina napravljeno je na milijarde grudnjaka. Ako ne znamo koji je od njih najlepši, najveći, znamo bar koji je najskuplji.

Nazvan je „milenijumski", jer je napravljen pred kraj 1999. godine. Izradila ga je modna kuća „Viktorija sikret", a spada u kolekciju „Božićni snovi i fantazije". Grudnjak ima 3.024 draga kamena, od čega 1.988 safira i dijamant od pet karata. Naziv „Božićni snovi i fantazije" u potpunosti odgovara ovoj papreno skupoj stvarčici. Žene mogu samo da maštaju o njemu, a muškarci da se pitaju: da li od tako skupocenog grudnjaka može biti vrednije ono što on skriva?

11

PUNJENA PAPRIKA

Potrebne namirnice:
1 dugačka zelena paprika, 50g sira, 30g kisele pavlake, 4 rotkvice.

Način pripremanja:
Papriku iseći uzdužno napola, očistiti od semenki, pa te komade iseći poprečno napola, dok ne dobijemo četiri valjkasta dela koja ćemo napuniti s unutrašnje strane dobro izmešanom mešavinom sira i pavlake.

Način serviranja:
Partnerka leži bočno i nogu na kojoj leži savije u kuku i kolenu, tako da joj je butina priljubljena uz stomak i delimično uz grudi, a druga noga ostaje ispružena. Na svaki komad paprike stavimo rotkvicu, a onda ih ređamo od prepona ka grudima filovanom stranom nagore duž spoja butine i tela.

PORUKE MIRISA I BOJA

Kao što je poznato, o ukusima se ne raspravlja — a među njima spadaju i sklonosti ka bojama i mirisima.

Postoji opšta podela na hladne i tople boje, a od našeg karaktera zavisi kojima ćemo biti naklonjeniji. U prirodi, čiji mali deo činimo i mi, boje i mirisi su nezaobilazni. Biljke i životinje im se bespogovorno pokoravaju jer od toga zavisi njihova dalja egzistencija, odnosno reprodukcija. Životinje namirišu partnera/partnerku za vreme parenja čak i ako je kilometrima daleko. Ljudski znoj pak, za vreme seksualnog odnosa poprima drukčiji miris nego inače. Crna rasa, koja je donekle bliža prirodi, pogotovu onaj deo koji živi u Africi, i za koju mirisi imaju za nijansu veći značaj nego za ostale, sa znojem, za vreme odnosa luči i miris sličan mošusu — bez sumnje u afrodizijačke svrhe.

Žene na svim kontinentima u manjoj ili većoj meri koriste šminku, od čega je karmin za usne jedan od osnovnih kozmetičkih detalja. Nije potrebno ni spominjati da se najviše upotrebljava crveni karmin. Crvene ženske usne su simbol, odnosno signal, za jedan drugi, skriveni deo tela.

Stoga, mi crvenu boju možemo voleti ili ne, ali moramo priznati da je ta najtoplija od svih boja istovremeno i „najljubavnija". Uostalom, odvajkada se na raznim kontinentima, za ljubav poklanjala crvena ruža.

12

SALATA SA ŠUNKOM

Potrebne namirnice:
50g šunke, 1 kriška hleba, 1 svež krastavac, majonez u tubi, 5-6 maslinki bez koštica (crnih ili zelenih, po želji).

Način pripremanja:
Šunku isečemo na tanke pravougaonike (3x4cm), krastavac oljuštimo i isečemo na kolutiće, hleb isečemo na kockice.

Način serviranja:
Partnerka sedi prekštenih nogu na stolici ili ivici kreveta. Na butinu koja se nalazi gore stavimo od kolena prema preponama desetak komadića šunke i na njih stavimo kolutiće krastavca. Na butinu koja je dole stavimo kockice hleba i iscedimo 7-8 pruga majoneza iz tube između kockica hleba. U procep ispod venerinog brežuljka a između butina, stavimo masline. Šunku i krastavce ćemo konzumirati oprezno čačkalicom, majonez sa butine ćemo polizati, a masline ćemo vaditi prstima i jezikom.

„ONAJ KOJI UVEK MOŽE"

Deluje možda šokantno, ali potpuno je istinito: nastankom kulta penisa, još u praskozorje ljudskog roda, nastao je i prvi vibrator. Kult penisa nastao je iz preke potrebe za potomstvom. Erektirani penis koji izbacuje „seme života", smatran je posebnim darom i milošću bogova, pa zbog toga postaje najslavljeniji religiozni oblik drevnih kultura. Amajlije i nakit u obliku uzdignutog penisa nađeni su na lokalitetima Mesopotamije i drevnog Egipta. Međutim, tokom vremena, od amajlije i nakita veštački penisi postaju seksualna pomagala. Već je razbludni stari Rim znao za falus u čiju se unutrašnjost sipala topla voda ili mleko, i iz koga u potrebnom momentu izlazi mlaz tečnosti.

Od starog Rima pa naovamo promenili su se samo materijali od kojih su izrađivani veštački penisi. Na tom planu najbolje se pokazao kaučuk, pravu malu revoluciju su izazvale baterije koje su pokretale vibratore, a poslednje decenije i elektronika je dala veliki doprinos, pa veštački penisi po količini elektronike sve manje liče na vibratore, a sve više na male svemirske brodove.

Polazeći od dobro poznate činjenice da „penis uvek ne može", nije loše da u svrhu postizanja seksualnog zadovoljstva bude pri ruci i vibrator ili „onaj koji uvek može" — osim ako, daleko bilo, ne otkaže elektronika.

13

SENDVIČI S ROTKVICAMA I ŠUNKOM

Potrebne namirnice:
2 kriške tvrđeg hleba, 50g šunke, 3-4 rotkvice, 3 jezgra oraha, malo putera.

Način pripremanja:
Kriške hleba namažemo puterom, zatim ih isečemo na manje trouglove (3x3cm) i preko njih narendamo orah. Šunku isečemo srazmerno trouglovima hleba, a rotkvice isečemo na tanke kolutove.

Način serviranja:
Partner leži bočno na krevetu (ruke odvojene ili podignute od tela). Trouglaste sendviče (preko komadića hleba ćemo staviti šunku, pa

onda rotkvicu) poređamo od partnerovog pazuha, preko rebara i slabine, sve do kuka. Konzumiramo ih usnama i jezikom.

AKT S DUŠOM

Akt seže duboko u istoriju slikarstva. Njegovi počeci datiraju još iz praistorije, tj. pećinskog slikarstva, kako su pokazala najnovija naučna istraživanja, a najviše su se njime bavili stari Grci. Nasledivši mnogo toga od Grka, stari Rimljani su nasledili i akt. Hrišćansko srednjevekovlje opterećeno moralizmom i tabuima zatvara oči pred aktom. Ponovo ga vaskrsava tek renesansa, da bi od tada pa do danas bio neprestano prisutan u umetnosti.

Retki su slikari koji bar jednom u životu nisu naslikali akt. Da li su imali hrabrosti da ga prikažu javnosti, to je već drugo pitanje.

Ako bi se prihvatili nezahvalnog zadatka da izdvojimo slikare koji su učinili nešto zaista suštinsko u oblasti akta, onda bi to bili Pol Gogen i Francisko Goja.

Odabravši povratak izvorima civilizacije, ne samo na platnima, već i u vlastitom životu, jer ga je jednim delom proveo na Tahitiju među domorocima sa ostrva Fatu Iva, Gogen uvodi sintetičku formu, mirnu i robusnu, prilagodivši tako slikarsku tehniku realnosti koja ga je okruživala. Njegova platna ovekovečavaju jakim kontrastima i crtežom bez perspektive Tahićanke koje zaista jesu jednostavne i senzibilne.

Da je Goja naslikao samo „Obučenu Maju", ne bi mu, što se kaže, falila dlaka s glave, ali bi zato lišio civilizaciju možda najboljeg ikad naslikanog akta.

Godinama je inkvizicija držala *Golu Maju* u tamnici, daleko od očiju javnosti. Daleko da je ona bila jedini akt toga vremena (sam početak XIX veka), ali ovaj akt se jednostavno smatrao provokacijom. Osim toga inkvizicija je proganjala i slikara, ne samo zbog ovog akta, nego i zbog Gojinog liberalizma. Da pod starost nije pobegao u Bordo, Goja bi završio, kao i mnogi drugi pojedinci tog vremena, na lomači. Ono što je *Golu Maju* činilo proskribovanom, danas je čini izuzetnom. Francuski pisac i političar Andre Malro, nije štedeo pohvale kad je isticao da je Goja našao način da naslika ženski akt koji je erotski a nije razbludan. To je plod individualnosti koja na seksualnom području nije fiziološka. Ovaj redak spoj duše i tela *Enciklopedija slikarstva* opisuje sledećim rečima: „Model je izazvan i erotskim nabojem se suprotstavlja posmatraču". Mnogi su aktovi oslikali predivna tela, ali ovaj je oslikao i dušu...

14

HLADNI PRELIV S VIRŠLOM

Potrebne namirnice:
20g majoneza, 50g pavlake, desetak listića sitno iseckanog peršuna, 1 viršla, 1 kašičica kečapa.

Način pripremanja:
Viršlu stavimo da se skuva, a majonez, pavlaku i peršun izmešamo tako da dobijemo gušći preliv. Tako dobijenu masu stavimo u špric za torte, na čiji ćemo donji kraj staviti dodatak sa najdebljim okruglim otvorom koji imamo.

Način serviranja:
Preko partnerkinog grudnog koša, uključujući i dojke (ona leži na leđima), špricom ćemo iscrtati srce promera oko 20cm. U okviru tog srca iscrtaćemo još jedno promera oko 15cm. Kuvanu i oceđenu

viršlu stavićemo u „srce" između partnerkinih dojki. Na gornji kraj viršle stavićemo kečap.

VRLO SPECIFIČNA MASAŽA

Umeće masaže spada u drevna znanja Dalekog istoka. Različite vrste masaže se koriste u medicinske i terapijske svrhe, a postoji i masaža čiji je zadatak da probudi ljudska čula i izazove požudu. Pogađate, reč je o erotskoj masaži. Masaža koju preporučujem uz ovaj recept je masaža dojkama partnerovog penisa. Za ovu erotsku aktivnost nije potrebno ništa osim kreme, radi lakšeg kontakta dojki i penisa.

Ako ova masaža potraje predugo i partnerku zabole ruke od pritiskanja dojki, može pribeći sredstvu koje će garantovano ubrzati stvar — felaciji.

15

„E-BOMBA"

Potrebne namirnice:
4 paradajza različite veličine, desetak jezgri oraha, desetak badema, 50g tvrđeg sira, 30g majoneza.

Način pripremanja:
Paradajzima odsecite vrh i izdubite ih. Orah i badem isecite na sitne komade, izrendajte sir i pomešajte ga s majonezom, a zatim i sa komadićima oraha i badema. Zatim tom smesom napunite paradajze.

Način serviranja:
Partnerka legne na leđa i podigne noge u vis tako da sa telom čine ugao od 90 stepeni, priljubivši ih samo delimično jednu uz drugu. Paradajz ćemo postaviti između njenih butina tako što će ga ona lagano pritiskivati butinama, od prepona do kolena, na taj način što ćemo kod prepona staviti najmanji a kod kolena najveći paradajz. Konzumirati usnama i zubima pridržavajući pri tom paradajz rukom.

NEVERSTVO

Vitamin E u svakom slučaju pojačava seksulani nagon. Da li pri tom budi i želju za neverstvom, to je već diskutabilno. Neverstvo pak, može predstavljati vrlo lep i poželjan izlet van braka, ali se takođe može završiti i njegovim razvodom. Može se završiti i batinama, a u retkim slučajevima i ubistvom.

Međutim, ako bacimo pogled kroz istoriju, možemo zaključiti da se ono ranije, na raznim meridijanima surovo kažnjavalo, u skladu sa zakonom ili običajnim pravom. Na najrazličitije načine, među kojima su svakako najgori kamenovanje, vezivanje u vreću i bacanje u vodu ili jamu punu otrovnih zmija koje su se zavlačile u sve telesne otvore, skončavale su na hiljade preljubnica. Muškarcima preljubnicima je glava ostajala na ramenima (osim ako se ljubomorni muž ne bi pobrinuo da je odatle skine). Glave su letele samo u Indiji, gde je zbog kastinskog sistema usled preljube sa ženom iz više kaste stradao i ljubavnik.

Ni žene kroz istoriju nisu baš ostajale dužne muškarcima. Budući da zakoni i nepisana prava nisu bila na njihovoj strani, najčešće bi pribegavale oružju Lukrecije Bordžije. Najcenjeniji su bili oni otrovi koje je bilo teško otkriti u telu pokojnika...

Inkvizicija je svojim spaljivanjem veštica i veštaca dala novu šansu prevarenim muževima. Neki od njih su svoje žene proglašavali vešticama, a svedoke koji bi potvrđivali njihovu krivicu, potkupljivali bi manjim sumama novca. Ovakva sudbina bi ponekad pogađala i neverne muževe...

16

„SIRENA"

Potrebne namirnice:
1 konzerva sardine, 1 jaje, 20g majoneza, 50g mekog sira (može i krem sir), malo peršuna, ½ manje glavice crnog luka, 2 koluta limuna, 1 kriška hleba.

Način pripremanja:
Sardine izvaditi iz konzerve i staviti da se ocede, jaje skuvati, oljuštiti, sve to staviti u plastičnu posudu, da se može izmiksovati, dodati sir, sitno iseckan peršun i sitno iseckan crni luk. Smesu izmiksovati sa priključkom kojim obično miksujete kuvani krompir za pire.

Način serviranja:
Partnerka će na krevet leći polubočno tako da će joj noge biti priljubljene i blago savijene u kolenu, a gornja polovina tela podignuta od kreveta tako što će se oslanjati rukama iza sebe. Malo razmaknutim položajem stopala će formirati „sirenin rep". Masu koju smo dobili posle miksiranja u tankom sloju ćemo mazalicom

za torte namazati preko njene obe potkolenice od kolena pa sve do vrhova prstiju na stopalima. Kolutove limuna ćemo staviti preko partnerkinih dojki. Konzumirajte jezikom, povremeno jedući hleb.

PLACENTA

Svaki oblik života na zemlji ima svoju placentu, bar u vremenu svog nastanka, kad mu je ona i najpotrebnija. Debele zaštitne opne štite nežnu unutrašnjost pupoljka, ljuska jajeta čuva osetljivi zametak... Takvih primera je bezbroj.

Međutim, postoji još jedna placenta, placenta celokupnog života na Zemlji, koju najčešće zaboravljamo ili joj pridajemo nedovoljno pažnje — okeani. Zahvaljujući njima je i nastao život, a nije sasvim nemoguće da će se jednog dana u njih i vratiti, ako život na kopnu bude nemoguć.

Tu planetarnu placentu naučnici istražuju i najavljuju da bi se među morskom florom i faunom, koje broje na milione vrsta, mogao naći lek za rak (dokazano je, na primer, da bledi karipski sunđer deluje na ćelije raka jajnika, dojke, pluća) i sidu. Sasvim je izvesno da je priroda iznedrila lek za svaku bolest (osim za one bolesti koje su proizvedene veštačkim putem u laboratorijama, da bi lakše uništili jedni druge). Da li ćemo te lekove na kopnima i morima ove naše planete naći, zavisi isključivo od naše upornosti i istrajnosti.

17

„PEČURKE"

Potrebne namirnice:
4 jajeta, 4 veća paradajza, malo majoneza (po želji), malo soli.

Način pripremanja:
Jaja stavimo da se kuvaju oko 10 minuta. Zatim ih oljuštimo i isečemo oštriji kraj jajeta oko centimetar debljine. Paradajz isečemo na oko tri četvrtine na kraju gde se nalazi peteljka. Tako dobijenu „kapu" paradajza izdubiti, očistiti od semenki i staviti u nju malo majoneza. Jaja malo posoliti. Ona će nam poslužiti kao „nogica" za pečurke, a preko nje ćemo staviti paradajz koji predstavlja „kapicu" pečurke.

Način serviranja:
Partner leži na stomaku stisnutih nogu. „Pečurke" oformljene na gore naveden način stavite u žleb koji sačinjavanju njegove priljubljene potkolenice od skočnog zgloba do kolena. Ako želite da dodatno

ukrasite „pečurke" možete na svaku od njihovih „kapica" da stavite nekoliko kapljica majoneza.

„BOLAN DA JE JEDE"

Čuveno sholastičko pitanje glasi: da li je starija kokoška ili jaje? Odgovor je vrlo jednostavan. Od kokoške i od jajeta starija je pileća supa.

Šalu na stranu, ali pileća supa je vrlo star i opšte poznat specijalitet. Spominje je još Aristotel, koji je inače smatrao da bi živinu trebalo ceniti više od četvoronožaca (i bio je u pravu, pogotovu kad je reč o supi).

Popularnost pileće supe od drevnih vremena pa naovamo širila se vrlo brzo s kontinenata na kontinent. Nju su srkali i srkutali Afrikanci, Evropljani, Azijci. Kad smo već spomenuli Aziju, recimo i to da su Kinezi tokom istorije ponekad i (zlo)upotrebljavali živinu, najčešće patke, u seksualne svrhe, vršeći nad njima sodomiju, uz običaj da im zavrnu šiju u trenucima orgazma i time zbog grčenja mišića ptice, sebi povećaju užitak.

Ali, vratimo se supi. Amerikanka Mimi Šeraton je napisala o njoj knjigu: *Ceo svet voli pileću supu*. U njoj ističe da se ona odvajkada smatrala „jelom koje okrepljuje", pa je naročito često jedu deca i bolesni. Ako je suditi po srpskoj poslovici „bolan da je jede", koja zapravo znači da je supa tako dobro i lako jelo da je bolestan može jesti, ni mi nismo nimalo zaostali za svetskim supenim trendovima.

I tako... niko nema razloga da mrzi supu, osim... Ah da, osim sirotih kokošaka koje se moraju skuvati u njoj.

18

TUNJEVINA S PRILOGOM

Potrebne namirnice:
2 tvrdo kuvana žumanca, 1 konzerva tunjevine, malo sirćeta, so, biber.

Način pripremanja:
Žumanca propasirajte mikserom ili viljuškom pa im dodajte so, biber i sirće. Otvorite konzervu tunjevine i ulje iz nje polako sipajte u masu koju ste napravili. Mešajte pri tom dok ne dobijete smesu kao za sos. Tunjevinu iz konzerve izmrvite na komadiće veličine jedan do dva centimetra.

Način serviranja:
Pošto vaša partnerka legne bočno, neka podigne ruku. Prilog namažite na rebra u visini grudi prema slabinama, u sloju od nekoliko milimetara. Na taj prilog stavite komadiće tunjevine. Konzumirajte kašičicom i jezikom.

DUH I MATERIJA

Božanska alhemija nam je još uvek, a možda će tako zauvek i ostati, neshvatljiva i nepojamna. Bog je stvorio Adama od blata (ili je možda ipak u pitanju bila glina — mada to ne menja stvar), a Evu od Adamovog rebra. Zaključak koji smo iz ovog davno izvukli glasi: nije bitna materija, nego duh koji pokreće materiju.

Na zemlji, gde sve vrvi od materije, stvari stoje malo drukčije. Adamovo rebro, ili rebra bilo kog drugog muškarca, mogli bi pohvaliti samo ljudožderi koji izumiru poput retkih životinjskih vrsta. Ostatak ljudske populacije, pogotovu oni s gurmanskim opredeljenjima, preferira suva svinjska rebra u pasulju i drugim jelima.

Ali, religija ne bi bila ono što jeste, da se nije umešala i u sferu kulinarstva. Muslimanima je zabranjeno da jedu svinjsko meso. Eto, tako i na ovom primeru vidimo da se ljudsko i božansko (materija i duh) neprestano prepliću i da distanca između Neba i Zemlje i nije tako velika kako nam se to u prvi mah čini.

TOPLA JELA

19

„MEDITERANSKO SUNCE"

Potrebne namirnice:
100g papalina (girica), 1 crna maslina, pola limuna, 2 kašike brašna, 2 kašike mleka, malo soli, 100ml ulja.

Način pripremanja:
Papaline očistiti od iznutrica i jednu po jednu umakati prvo u mleko a onda uvaljati u brašno. Pržiti u dubokom vrelom ulju dok ne porumene sa obe strane (otprilike po pet minuta sa svake strane). Ispržene papaline staviti u plići sud i posoliti ih, a zatim dodati limunov sok.

Način serviranja:
Maslinu stavite na pupak, a malo ohlađene papaline poput sunčevih zraka poređajte oko pupka, po stomaku partnera koji leži na leđima. Jedite ih prstima ili (pažljivo) čačkalicom.

GNEZDAŠCE ZA BISER

Pupak ne spada u najvažnije erogene zone. Modni trendovi su ga tokom istorije uglavnom pokrivali i on je tavorio između mnogo većih ženskih čari kao što su grudi i venerin breg.

Pupak je svoju glorifikaciju doživeo tamo gde bi se najmanje nadali u zemljama i u vremenu potisnute seksualnosti — u arapskom svetu. Isticala ga je posebna vrsta žena — plesačice trbušnog plesa. Istican je, sasvim u skladu sa potisnutom seksualnošću, tako što je pokrivan. Najčešće kapicom od srebra ili zlata, a neretko i biserom kombinovanim s nekim ukrasom.

Za skromnu erogenu zonu, kao što je pupak, može biti samo čast da bude gnezdašce jednom biseru.

20

VIRŠLE I JAJA S NADEVOM

Potrebne namirnice:
4 viršle, 4 jaja, 2 kriške hleba, malo senfa ili rena po želji.

Način pripremanja:
Skuvati odvojeno viršle i jaja, pa jaja iseći na dve trećine dužine, izdubiti i izvaditi im žumanca. Izdubljeni deo jajeta napuniti senfom ili renom. Kriške hleba iseći napola i probušiti ih na sredini toliko koliko može da prođe viršla.

Način serviranja:
Viršle staviti uspravno između stisnutih butina (partner leži na leđima), zatim na njih navući probušene polovine kriški hleba tako da dođu do polovine dužine viršle. Jaja s nadevom staviti na vrh viršli i malo ih posoliti.

KULT PENISA

Najrašireniji mit sveta od nastanka prvobitnih kultura, pa maltene do današnjih dana je kult penisa. Svakako, ne bi pri tom bilo ispravno da naše pretke osuđujemo zbog preteranih seksualnih apetita. Ovaj kult je njima prvenstveno bio značajan zbog začeća, a budući da o tome ništa nisu znali, praljudi su ga povezivali sa božanskim uticajem.

Suština kulta, plodnost i reprodukcija života, zadržali su se tokom starog i novog veka i tek u poslednjih sto-dvesta godina ovaj mit gubi na snazi. Penis međutim, kao materijalizacija mita, odnosno njegove alternacije, doživele su kroz istoriju niz promena.

Amuleti i nakiti u obliku erektiranog penisa pronađeni su u drevnom Egiptu i Mesopotamiji. Nošeni su kao simbol plodnosti. Amuleti, odnosno amajlije, kako je vreme odmicalo, više nisu pravljene od kamena i metala, već od stakla, slonovače itd. Amajlije su prodavane u hramovima i njihovim predvorjima, a tokom srednjeg veka u zanatskim radnjama.

Kult penisa prihvatilo je čak i hrišćanstvo, poznato po svom ortodoksnom stavu u oblasti ljudske seksualnosti i svega onog što ide u vezi sa tim. Vrhunac svog mita u drugom milenijumu, penis doživljava u XVIII veku. U Italiji se slavio praznik svetog Kuzme, kao zaštitnika seksa. Tog dana su muškarci odlazili u crkvu, razgolićavali se pred oltarom, i uspravljenog uda čekali da sveštenik svetim uljem poprska njihov penis u znak blagoslova. Ovaj seksualno-religijski ritual koji bi čak i danas, u trećem milenijumu, izazvao solidnu sablazan, bio je dopušten od strane rimskog pape.

Kad smo već kod penisa, nije loše znati sledeće: „Pušenje može skratiti vaš penis za čitav centimetar. Erekcija zavisi od dobrog protoka krvi, a pušenje stvrdnjava krvne sudove, otežavajući erekciju. Ako vam nije stalo do vaših pluća, ili umiranja, barem poštedite vaš penis".

21

BIFTEK S BIBEROM

Potrebne namirnice:
2 manja bifteka, pola kašičice bibera u zrnu, 1 kafena kašičica džina, 1 kafena kašičica konjaka, 20g maslaca, 50g milerama, 2 velika lista zelene salate (ili kupusa), 1 kriška hleba, malo ulja.

Način pripremanja:
Pomešajte maslac s biberom u zrnu pa premažite bifteke sa obe strane. Stavite ih u zagrejan tiganj i ispržite. Kad se isprže posolite ih i prelijte jako zagrejanim džinom i upalite ih. Čim se plamen ugasi preliti ih jako zagrejanim konjakom i opet upaliti. Kad se plamen ugasi izvadite bifteke a u tiganj stavite mileram i mešajte dok se on ne pomeša sa mašću iz tiganja. Bifteke iseći na komadiće tako da se mogu jesti bez viljuške i noža pa ih stavite na listove zelene salate. Krišku hleba iseći na 7-8 kockica.

Način serviranja:
Listove zelene salate sa biftecima i prelivom staviti jedan na jednu, a

drugi na drugu polovinu guze. Partnerka leži potrbuške. Malo iznad listova salate, na krsta, stavite hleb isečen na kockice.

SAGA O ZADNJICI

Još od davnina, dok je *homo sapiens* sa svojom izabranicom hodao manje-više četvoronoške, pa do današnjih dana, zadnjica je jedan od najvažnijih erotskih simbola. Ona se otkrivala, pokazivala i dokazivala gde god je bilo prilike za to. Stari Grci su je često ovekovečavali na svojim skulpturama boginja i bogova. Oslikavana je na amforama i gledana na sportskim takmičenjima.

Srednji vek, koji je pogotovu u Evropi „trenirao strogoću" u pogledu erotskih simbola i njihovih manifestacija, bio je prilično škrt u otkrivanju i oslikavanju guza. Međutim, pošto je to vreme obilovalo religioznim kodeksima i zabranama, upravo je tu nađena „rupa u zabrani". Bog je samo čoveku podario nežnu, zaobljenu zadnjicu, a đavo i ostale zle sile je nisu imale. Raširilo se verovanje da se zle sile mogu oterati ako im se pokaže zadnjica. Bez sumnje su mnogi ljubavni parovi iskoristili tu priliku, kad je guza već bila otkrivena.

U naše vreme, donjem delu tela pristupamo s toliko različitih aspekata, da bi se o tome mogla sačiniti čitava enciklopedija. Ovde ćemo spomenuti samo neke...

Estetska hirurgija uz pomoć skalpela i silikona spasava žene masnih naslaga i celulita (kad smo već kod masnih naslaga, kult najizbačenije, najveće i tim najcenjenije zadnjice, već vekovima vlada kod Bušmana u Africi).

Psiholozi koji određuju tipove ličnosti po izgledu lica, glave i pojedinih delova tela, još poodavno su napravili fizičku, a shodno tome i psihološku podelu, na osobe sa jabučastom, kruškastom i ko zna još kakvim zadnjicama. Međutim, da ova podela i nije baš bez ikakve osnove, govore i narodne izreke. Jedna od najkarakterističnijih srpskih izreka u ovoj oblasti kaže: „Ako neka devojka ima puniju i spušteniju zadnjicu, za nju se kaže: biće dobra domaćica, ima nisko dupe".

22

ĆUFTE S KIKIRIKIJEM

Potrebne namirnice:
100g mlevenog junećeg mesa, polovina kriške hleba (bez kore), 20-30ml mleka, mala glavica crnog luka, 20 prženih slanih kikirikija, kečap.

Način pripremanja:
Hleb pokvasite mlekom a kikiriki izmrvite. Luk iseckajte sitno, dodajte ga mesu, posolite, zabiberite i umešajte u tu masu pokvašeni hleb. Od ove mase oblikujete loptice prignječene sa dve strane „ćufte" (da vam se loptice ne bi lepile za dlanove uzmite malo brašna i rastrljajte ga po dlanovima), pa ih uvaljajte u kikiriki. Ispržite ih u vrelom ulju 4-5 minuta sa svake strane.

Način serviranja:
Na kuk (partnerka leži bočno, ruke odvojene od rebara) istisnite iz tube kečapa po želji. Faširane šnicle poređajte na slabinu i rebra duž

grudnog koša od kuka prema ramenu. Šnicle konzumirajte usnama i jezikom, a kečap jezikom.

Izvestan broj specijaliteta od mlevenog mesa (ćufte, musaka itd.) dolazi nam sa Bliskog istoka, a sa istoka, zapravo od Asiraca, potiče i naziv našeg kontinenta.

IZLAZEĆE I ZALAZEĆE SUNCE

Ako damo za pravo latinskoj sentenci *omen — nomen*, a nemamo razloga da joj ne verujemo, jer se njena tačnost dokazala mnogo puta, niko Evropi nije dao bolje ime od gore spomenutih Asiraca. „Ereb" na asirskom znači zalazak sunca, tj. zemlja sunčevog zalaska.

Tako je od „zemlje izlazećeg Sunca" do „zemlje Sunčevog zalaska", osim velikog prostranstva, nastao i civilizacijski raskorak. Dok su Japan i Kina smenjivali dinastije Ming, pravili barut, otkrili tehniku pokretnih slova (preteča Gutenbergovog pronalaska) i uzgajali svilenu bubu, Evropa je vrvela od vravara.

Donekle duhovno pročišćena humanizmom i renesansom, Evropa je počela da za vreme velikih geografskih otkrića širi katoličanstvo na novim i tada još „devičanskim" kontinentima, Severnom i Južnom Amerikom. Ova ekspanzija bila je propraćena mnogim pljačkama i genocidom.

Možda će Evropin usud zauvek ostati da bude zemlja sumraka — koji nameće i drugima.

23

UVIJENE SAFALADE

Potrebne namirnice:
2 safalade, 40g žutog sira, 4 tanka režnja suve slanine (mogu i režnjevi šunke), senf, ulje.

Način pripremanja:
Safalade isecite uzdužno napola, a takođe i sir na sasvim tanke komade. Komade safalade obmotajte prvo sirom pa suvom slaninom, pričvrstite ih (probodite čačkalicom) da se ne odmotaju i stavite u tiganj s vrelim uljem. Kad se komadi safalade isprže, s gornje strane ih premažite senfom.

Način serviranja:
Kad se safalade malo ohlade, položite ih ravnijim delom na nadlaktice partnera. On drži ruke priljubljene uz telo i leži na leđima. Od pregiba lakta postavite uzdužno prvo jednu pa drugu polovinu safalade. Isto tako uradite i na drugoj nadlaktici. Pri konzumaciji poslužite se čačkalicom koja se već nalazi zabodena u safalade.

Ako se pitate koji će sir ili senf biti najpogodniji za pripremu ovoga recepta, pogledajte reklame na TV. Sigurno će vam preporučiti bar nekoliko vrsta... Naravno, ovo je mala šala. Koristite namirnice koje vam najviše odogovaraju, ali pri tom trebate biti svesni koliko je velika uloga reklame u životu svakog čoveka. Da bi ostvarila svoje ciljeve, ona nam se uvlači pod kožu na najraznovrsnije načine.

REKLAMA I EROTIKA

Još sedamdesetih godina XX veka Frederik Pol napisao je knjigu pod naslovom *Reklamokratija*. Ovaj roman spada u naučnu fantastiku i opisuje svet u kome je reklama sve i svja.

Iz godine u godinu uviđamo da su Polova predviđanja bila tačna. Ali nije važna samo reklama kao reklama. Stručnjaci za marketing znaju da je potrebno da se oko posmatrača što duže zadrži na reklami i proizvodu koji on reklamira. Da bi reklamu učinili što privlačnijom, izazovnijom ili pak šokantnijom, na njoj rade čitavi timovi stručnjaka. Zbog toga ni iz daleka nije svejedno kakva će žena reklamirati donje rublje u modnim revijama i časopisima. A prosečan čitalac časopisa najduže zadrži pogled baš na reklamama ovog tipa. Tako je u reklamu na mala vrata ušla erotika. Bilo bi apsolutno nemoguće navesti sve vrste reklama koje imaju erotsku komponentu (lakše bi išlo s onima koje je nemaju, njih je manje). Zato ću spomenuti samo jednu, verovatno najmasovniju i najerotskiju reklamu svih vremena.

Za vreme velike krize goriva, a u cilju reklamiranja zdravog i rentabilnog prevoznog sredstva, u Londonu je 1979. godine održan izbor za „Mis bicikl". Na prepunom Vembliju pojavilo se preko 100 nagih kandidatkinja. Treba li uopšte reći da se prodaja bicikala nakon ovoga drastično povećala?

Međutim, ako pomislimo da je erotska reklama proizvod našeg

doba, ozbiljno ćemo pogrešiti. Prva reklama koja je nesumnjivo imala erotski karakter pojavila se još pre Kolumba, tačnije 1491. godine. Te godine je jedan belgijski izdavač naručio rezbariju u drvetu kako bi reklamirao prevod s francuskog na flamanski knjige *Priča o Melusin* francuskog pisca Žana d'Arasa. Ovaj bareljef je prva preteča današnjih golišavih postera. Na njemu je predstavljena Melusin pri kupanju. Prisutna je i sugestija autoerotike: ona levom rukom dodiruje svoje grudi, a desnu ruku je spustila na stomak.

Podaci o prodaji ove knjige u Belgiji nažalost ne postoje, ali, s obzirom na ovakvu reklamu, mora da čitaoci nisu ostali ravnodušni.

24

ODRESCI S MASLINAMA

Potrebne namirnice:
2 tanka odreska (juneća ili svinjska), 100g maslina, ulje, so, biber, 100g testenine (pužići).

Način pripremanja:
Istučene i posoljene odreske stavite u tiganj sa već zagrejanim uljem i pržite ih. Istovremeno stavite na šporet vodu za kuvanje testenine. Posle 7-8 minuta okrenite odreske i dodajete masline očišćene od koštica i isečene na manje komade. Dodajte biber i ostavite da se prže zajedno. Ako se testenina skuvala (kuva se inače 5-7 minuta), izvadite je u poseban tanjir. Kada se odresci isprže i s druge strane izvadite ih i zasecite toliko da se mogu jesti bez noža. U mast od prženja, u kojoj su ostale masline, dodajte dve kašike vruće vode i dinstajte još minut-dva na jakoj vatri. U međuvremenu ocedite testeninu.

Način serviranja:
Kada se testenina, odresci i umak malo ohlade, stavite testeninu na krsta partnera (on leži na stomaku), formirajući od nje podlogu okruglastog oblika. Na tu podlogu stavite odreske i prelijte ih umakom iz tiganja. Odreske i testeninu konzumirajte viljuškom, ali naravno pljoštimice, bez ubadanja.

NAGRADA ILI KAZNA

Muškarci su odvajkada težili da produže seksualni odnos. Postojale su čitave tehnike uzdržavanja od orgazma. Najdalje u tome se otišlo na Bliskom istoku gde su muškarci na glavić penisa stavljali specijalne tablete, čiji je zadatak bio da tkivo glavića učine manje osetljivim i time značajno produže seksualni odnos (krajem XX veka farmaceutska industrija u Evropi se dosetila da tržištu ponudi nešto slično).

Međutim, ono što jednoj vrsti predstavlja cilj kome teži, drugoj predstavlja božju kaznu. Za razliku od ljudske vrste, živi rođaci u receptu gore pomenutih „pužića", osuđeni su od majke prirode da imaju seksualni odnos koji traje 12 sati bez prekida.

Toliki trud, rad i energija... A zadovoljstvo?! Hvala lepo... Ja se ipak ne bih menjao sa njima — pretpostavljam ni vi...

25

PILEĆI RAŽNJIĆI

Potrebne namirnice:
Trećina mladog pileta (najbolje belo meso ili meso sa bataka), 100g suve slanine, 1 sveža paprika, 1 manja glavica crnog luka, ulje, aleva paprika.

Način pripremanja:
Skinite piletinu sa većih i manjih kostiju pa je isecite na manje komade (2-3cm). Isecite slaninu, papriku i luk na komade slične veličine pa ih naizmence nabodite na drvene ili metalne ražnjiće. Ispržite ih u tiganju sa uljem ili na roštilju, a zatim ih posolite.

Način serviranja:
Uzeti malo deblju iglu i malo duži konac, pa udenuti u iglu i na drugom kraju vezati. Dobivši tako dvostruki konac na njega nanizati sve komadiće skinute sa ražnjića. Ovakvu „ogrlicu" vezati partneru koji sedi oko vrata, tako da otprilike dopre do dve trećine grudi. Konzumirati zubima pomažući se pri tom rukom. Pri konzumaciji

ovog recepta, partner može sedeti za stolom, a konzumirajući, vi mu možete zalogajčiće ubacivati u usta.

Kada smo već pomenuli sto, pomenimo i poznatu italijansku poslovicu: „Sto i krevet održavaju ljubav".

ČARI PUTOVANJA

Ko još ne oseća onu blaženu nestrpljivost vezanu za početak putovanja nazvanu narodskim imenom „putna groznica"? Mnogi se s prvim piskom lokomotive bacaju na reš pečenu kokošku i, s apetitom koje putovanje naglo budi, zadovoljno grickaju pileći batak.

Ali, postoje različite vrste prevoznih sredstava, različiti su putnici, a i bataci bivaju i te kako različiti. Čast da zauzme prvo mesto na listi čovekovih prevoznih sredstava imao je konj (zajedno sa svojim manje-više bliskim rođacima: magarcem, mulom, kamilom). Osim za putovanja, konj je kao prevozno sredstvo bio pogodan za ratne akcije, a pomoću konja su vršene i razne otmice, između ostalih i lepih žena, kao što to ovekovečuje Rubensova slika *Otmica Leukipovih kćeri*. Da li su otmičari sa otetim lepoticama imali bliske kontakte na konjima još u toku otmice, nije poznato, ali nije ni isključeno.

Mnogo otmenije putovanje i sve udobnosti koje uz to pruža, ponudila je konjska kočija. Erotskim čarima kočije i lepe saputnice u njoj, pogotovu kad je ružna i brižna pratilja zadremala, nije odoleo ni Đakomo Kazanova i sve je to potanko zabeležio u svojim memoarima.

Gotlib Dajmler nije ni naslutio da će svojom motornom kočijom uskoro stvoriti pravi Eldorado za beskućne ljubavnike. „Francuski krevet na točkovima" je jedan od najerotskijih pronalazaka XX veka.

Međutim, pošto nauka i tehnika sve više hrle u visine, zajedno s njima hrle i prevozna sredstva, modifikujući se u rakete i spejsšatlove.

Kako se čini, pre će izumreti one kokoške s početka ovog eseja, nego što će se čovek skrasiti i prestati da putuje i usput koristi čari putovanja.

26

ROLAT PITA À LA FRANÇAIS

Potrebne namirnice:
1 vekna francuskog hleba, 250g mlevenog mesa, 1 glavica belog luka, 1 češanj belog luka, 1 jaje, 50ml ulja, 50g margarina, ruzmarin, pola veze seckanog peršuna, so, biber.

Način pripremanja:
U zagrejano ulje staviti iseckani crni i beli luk, popržiti mešajući, dodati ruzmarin, posoliti, pobiberiti, dodati meso. Posle deset minuta skloniti sa šporeta, dodati jaje i dobro izmešati. Hlebu odseći krajeve, izdubiti sredinu, preseći ga napola radi lakšeg filovanja i unutrašnjost poprskati uljem. Nadevu od mesa dodati iseckan peršun i, ako je potrebno, malo sredine hleba namočene mlekom ili vodom, i time ispuniti unutrašnjost vekne. Margarin iseći na komadiće i posuti po hlebu, hleb uviti u aluminijumsku foliju i staviti u zagrejanu rernu. Peći pola sata na 200°C.

Način serviranja:
Kad se rolat malo ohladi izvaditi ga iz folije i iseći na kriške. 4-6 kriški, u zavisnosti od veličine, rasporediti u krug oko pupka (partnerka leži na leđima). Prilikom konzumiranja koristiti kašičicu po potrebi. U konzumiranje ovog recepta poželjno je da se uključiti i partnerka.

GAĆICE

Bez ozira što su u Evropi kasno ušle u upotrebu, gaćice su se brzo omasovile. Osim toga počeo je razvoj različitih modela koji je vodio ka raznovrsnosti, a raznovrsnost je dovela do erotizacije ovog odevnog predmeta.

Početkom XX veka *pantalons de femmes*, koje su do tada zakonski bile obavezne da nose samo glumice (!) i prostitutke, počele su nositi i otmene gospođe. Nogavice ovih gaća su bile do kolena, sa tendencijom skraćivanja što je vreme više odmicalo. Osim ovoga imale su i veliki prorez po sredini koji se smatrao kao osobito praktičan i funkcionalan.

Skraćivanjem sukanja razvijen je model zatvorenih gaća na čijim su se porubima obično prišivali čipkani ukrasi i slične aplikacije, poznate pod narodnim nazivom šlingeraji.

Dvadesetih godina XX veka počinje zlatno doba, sada više ne gaća već gaćica, jer su dotične bitno skraćene, pa počinju da zaslužuju ovu deminutivnu formu. Najveću zaslugu za skraćenje, smele kreacije i rafinirani izbor materijala ima pariska kreatorka Dijana Slip. Ona je izumiteljka nadaleko čuvenih *culottes* — kilota (jedan od najčuvenijih modela je „SATAN" iz 1925, izrađen od crnog satena, zapravo vrsta današnjeg bodija — *chemises-culottes*).

Pomenuta gospođa je organizovala revije donjeg rublja u svom butiku-ateljeu, koje su, nema potrebe isticati, bile veoma posećene.

Osim ovoga nudila je i brošure u vlastitom izdanju, koje su maltene bile modni katalozi, mada su mogle biti donekle shvaćene i kao erotski časopisi. To su naime bili albumi najlepših manekenki Pariza zatečenih u njihovoj intimi.

Svoje svetski čuvene modele Dijana Slip je izrađivala od batista, muslina, najboljih vrsta svila i satena. Gospođa Slip je bila poznata i po izrekama koje su žene veoma cenile. Jedna od njih glasi: „Saten, lan i svila su poput šampanjca popijenog iz nevidljive čaše, iz koje se prosulo, gotovo slučajno, malo pene po belim nogama".

Svaki komentar je izlišan, osim ako ne želimo da pohvalimo i evidentno književno umeće slavne kreatorke.

27

PUNJENO PECIVO

Potrebne namirnice:
1 veća kifla, 4 kašike kisele pavlake, 100g rendanog sira (parmezana), 100g šunke, 2 kašike majoneza, so, biber.

Način pripremanja:
Uključite rernu i izdubite kiflu, sredinu izgnječite viljuškom sa 2 kašike pavlake, dodajte polovinu izrendanog sira i šunku koju ste prethodno isekli na kockice. Dodajte još so i biber pa dobro izmešajte i time napunite kiflu. Stavite da se malo zapeče u rerni (desetak minuta). U ostatak fila dodajte 2 kašike pavlake i 2 kašike majoneza pa opet promešajte.

Način serviranja:
Kada se zapečena kifla malo ohladi stavite je uspravno (partner leži na leđima) ispod njegovog penisa, a između butina koje će on samo lagano priljubiti jednu uz drgu. Ostatak fila prelijte preko kifle i rasporedite ga oko peciva.

PENISI SE SMANJUJU

Zvuči kao šala, ali izgleda da ipak nije. Loša vest za pripadnike jačeg pola dolazi iz Italije i glasi ovako: prema najnovijim rezultatima, penisi su se u poslednjih 50 godina prosečno smanjili 10%. To zapravo znači da se dužina penisa smanjila za skoro jedan centimetar.

Razloga za ovakav negativni proces ima više, a na prvom mestu je svakako povećanje telesne težine muškaraca, naročito u predelu struka.

Osim debljine, krivci za ovaj negativni trend su i brojni zagađivači okoline, konzervansi u hrani koju konzumiramo, stres, pušenje i alkohol.

Ako se ovako nastavi, uskoro će izreka „mali ali tehničar" prestati da bude standardni izgovor manje obdarenih muškaraca i postati tužna stvarnost.

28

TOPLI SENDVIČI S VIRŠLAMA

Potrebne namirnice:
3 kriške hleba, 3 viršle, 1 paradajz, 3 veće tanke kriške kačkavalja, malo putera ili margarina, 1-2 sveža krastavca.

Način pripremanja:
Uključite rernu na 200°C, namažite hleb puterom, na svaku krišku stavite kolut paradajza, sa strane po pola viršle isečene uzdužno i sve to pokrijte kriškom kačkavalja. Stavite sendviče u rernu (10 minuta) da se zapeku.

Način serviranja:
Kad se sendviči malo ohlade ukrasite ih ostatkom paradajza. Dva sendviča stavite partneru na plećke, a jedan na kičmu u visini krsta. Krastavce iseckajte sitno i rasporedite ih oko sendviča. Partner će za to vreme ležati potrbuške.

Kada smo već kod ležanja (a to je položaj u kome provodimo jednu trećinu života, a neki i više), mogli bismo da se zapitamo na čemu to ležimo i na čemu se ležalo u poslednjih dve-tri hiljade godina.

NJ. V. KREVET

Najveću uslugu u pogledu komfora i odmora čovek je učinio sebi kada je napravio krevet. Samim tim učinio je donekle i uslugu potomstvu, jer da se ne lažemo, deca se ipak najlakše i najlepše prave u krevetu.

Međutim, ako malo zavirimo u istorijat ovog slavnog komada nameštaja, koga često zovu i bračna ložnica, videćemo da mu udobnost, bar u početku, i nije bila baš jača strana. Da li su kreveti postojali i pre Asiraca i Persijanaca ne zna se, ali oni su ih imali i bili su izrađeni od kamena, metala ili drveta. Bogata dekoracija je pratila izradu kreveta još od njihovog nastanka.

Egipćani i Grci su imali drvene krevete. Tek su Grci izmislili neku vrstu primitivnog dušeka — isprepletene trake od koža preko kojih su stavljali krzna. Rimljani, poznati po svom hedonizmu, imali su veoma mekane i visoke krevete na koje su se peli uz pomoć klupica, a pokrivali su ih draperijama.

U ranom srednjem veku krevet je potpuno degradiran. Umesto njega korišćeni su obični prostirači od krzna na podu. Tek od XIII veka krevet doživljava svoj ponovni procvat. Ram je pravljen od drveta koje je ukrašavano duborezom, a na krevete su stavljani dušeci punjeni perjem. Tako malo-pomalo stižemo i do kreveta s baldahinom i francuskog kreveta.

Ne treba smetnuti s uma da se u krevetu najlakše izgubi glava i da u istoriji imamo puno primera takvih gubitaka, kako onih običnih, tako i krunisanih glava. Gubitak glave je ipak najbolniji onda kada uzročnik tog gubitka nije slepa ljubav, već naoštreno sečivo.

Pošto je XX vek poznat po svojim tehnološkim čudima, ni proizvodnja kreveta, naravno, nije ostala po strani. Rezultat ukrštanja nauke i tehnike je bio bastard na kome se može dobiti morska bolest, ali se takođe može obaviti i nezaboravan snošaj. Reč je, svakako, o vodenom krevetu, koji uz pomoć tehničkih pomagala može da vibrira, odnosno talasa, i da manjom ili većom brzinom menja nagib.

Najzad, svako će izabrati krevet po svom ukusu. Za kraj dva mala ali važna saveta: gledajte da po svaku cenu izbegnete Prokrustov krevet, a vremešnoj gospodi toplo preporučujem korišćenje vodenog kreveta koji menja nagib — on ionako odradi veći deo posla s partnerkom nego njegov vlasnik...

29

ŠPAGETI MILANEZE

Potrebne namirnice:
100g uskih špageta, 100g junećeg mesa, 50g parmezana, 1 glavica crnog luka, 4-5 kašika ulja, sok od paradajza (50ml), seckani peršunov list, so, biber.

Način pripremanja:
Sitno iseckani crni luk dinstajte na ulju dok ne dobije žućkastu boju. Dodati meso iseckano na kockice i dalje dinstati uz povremeno dolivanje vode. Kad meso odmekne, dodajte sok od paradajza, seckani peršunov list i začine. Dinstajte dok se ragu ne zgusne. Posebno skuvati testeninu, isprati je, propržiti na vrelom ulju.

Način serviranja:
Partnerka sedi na krevetu priljubljenih i delimično podignutih butina i nogu savijenih u kolenu. Gornji deo tela joj je nagnut unazad i oslanja se na ruke ili na zid. Ovako postavljen venerin brežuljak i stisnute butine (u obliku latiničnog slova „v") čine udubljenje

u koje sipamo špagete milaneze i dodamo im ragu i začine. Jedite viljuškom i kašičicom ali vrlo oprezno.

Pošto se ovaj recept neposredno vezuje za venerin brežuljak i njegove nežne dlačice, preporučujem da obratite pažnju na poučni esej koji sledi.

UZIMANJE MERE

Vlasuljar iz Nemačke, gospodin Kaminski došao je na originalnu ideju. Osim klasičnih perika za dame počeo je da pravi i perike za ženski polni organ. Izrađuje ih u tri boje: crnoj, beloj i žutoj. Cena jedne perike je 100 €.

Ne mogu a da ne pozdravim ovu malčice bizarnu, ali nadasve originalnu ideju. Nadam se da će dotični vlasuljar ubrzo ovaj proizvod ponuditi u još nekim bojama, kao i da neće smetnuti s uma da i „kosu" venerinog brežuljka, kao i obične perike, može praviti u kovrdžavom, ravnom ili nekom trećem izdanju.

Na veliku žalost domaćih vlasuljara i ostalih majstora ne znamo da li možda g. Kaminski uzima meru za pojedine vlasulje (kad mogu šnajderi, što ne bi i vlasuljari). U slučaju da ipak uzima, mislim da bi se mnogi naši majstori odmah prekvalifikovali za ovaj zanat, a skoro sam siguran da ne bi uvek naplatili onih 100 €, samo da korisnicama „uzmu meru".

SAVIJAČA SA MESOM

Potrebne namirnice:
150g brašna, 1 jaje, so. Za nadev: 20g maslaca, 1 jaje, 100g mlevenog mesa (najbolje svinjsko i juneće pomešano), ulje, 1 kašika kisele pavlake ili kajmaka, 1 kašika mrvica, so, 2-3 lista lovora. Za preliv: 2 kašike ulja, 2 kašike mrvica, 2 kašike kisele pavlake.

Način pripremanja:
Od brašna, jajeta soli i vode umesiti glatko testo, pokriti ga salvetom i ostaviti da stoji. Za to vreme umutiti penasto maslac i jaje, dodati na ulju propršeno mleveno meso sa listovima lovora koje ćemo posle prženja izvaditi iz mesa, dodati mrvice, pavlaku i ako je potrebno posoliti. Testo rastanjiti oklagijom, preko njega rasporediti pripremljeni nadev i uviti u savijaču, to jest rolnu. Savijaču umotati u krug, staviti u čistu, platnenu krpu, krajeve krpe vezati i savijaču kuvati u slanoj, kipućoj vodi 30 minuta. Kad se skuva izvaditi je na zagrejan plitak tanjir i posuti mrvicama propršenim na ulju i pomešanim sa kiselom pavlakom.

Način serviranja:
Kada isečete savijaču, odaberite 4-6 komada koje ćete staviti na rebra i slabinu svoje partnerke. Ona leži bočno, podigavši ruku. Parčiće ređajte od ispod pazuha do kuka poprečno ili uzdužno, kako vam je zgodnije. Savijaču konzumirajte pridržavajući komade rukama.

Suvo lišće lovora koristi se zbog specifične arome prilikom prženja i dinstanja mesa, pripremanja različitih sosova i priloga. Za ovu biljku vezan je i sledeći helenski mit.

APOLON I DAFNE

Prelepa nimfa Dafne nije bila dovoljno brza da pobegne od Apolonove pohote. Ipak, Zevsova pomoć stiže u pravom trenutku — kad ju je mladi Apolon već dodirnuo, ona počinje da se pretvara u grm lovora.

Ovaj helenski mit ovekovečili su mnogi umetnici. Možda je za nijansu ispred svih Berninijeva skulptura koja nam verno dočarava proces pretvaranja, zgranutost i razočaranost Apolona s jedne strane, i olakšanje na Dafninom licu s druge strane.

Međutim, ako se malo porazmislimo nad Dafninom sudbinom, zaključićemo da ona nije savim pobegla od onog od čega je bežala. Poprimivši oblik lovora koji joj je Zevs namenio, primila je i sve njegove osobine, između ostalih i afrodizijačke.

Znači, Dafne je nastavila da i u ovom svom drugom životu budi želje i požude, kao i u onom prvom, dok je bila zamamna lepotica od krvi i mesa.

Izgleda da je od takve sudbine nije mogao spasti ni sam Zevs...

31

SAVIJAČA SA SPANAĆEM

Potrebne namirnice:
Manje pakovanje smrznutog lisnatog testa, ½ kg spanaća, 100g mekog sira, 50g šunke, 2 jaja, 1 žumance, so, ulje, biber.

Način pripremanja:
Testo ostaviti da se odmrzne. Za to vreme u posoljenoj vodi skuvati (oko 20 minuta) očišćeni spanać, iscediti ga i iseckati. Kada se spanać prohladi, pomešati ga sa izgnječenim sirom, šunkom iseckanom na kockice, dosoliti ga i pobiberiti ako je potrebno. Zatim dodati umućena jaja i tim nadevom prekriti testo, koje smo prethodno rastanjili i razvukli oklagijom, i uviti u rolat. Premazati umućenim žumancetom i peći (30 minuta) u zagrejanoj pećnici (na 200°C).

Način serviranja:
Odaberite 6 lepih komada savijače i delimično ih zasecite unakrst

radi lakšeg konzumiranja. Poređajte ih zatim duž kičme od lopatica do krsta (partner leži potrbuške). Ako vam je zgodnije prilikom konzumiranja možete se poslužiti i kašičicom ili malom viljuškom.

Za ovaj recept bila nam je potrebna jedna specifična kuhinjska alatka:

OKLAGIJA

Svi potrebni preduslovi za stvaranje oklagije nastali su kad su naši davni preci odustali od lova i počeli da se bave zemljoradnjom, odnosno uzgajanjem žitarica.

Međutim, od preduslova do pravog nastanka, prošlo je onoliko vremena koliko od pravljenja najprimitivnije vrste hleba, pa do hlebnog testa s kvascem. One koji ne mese testo niti su to ikad radili, niti videli kako se to radi, podsećam da je oklagija valjkasti komad punog drveta različitog prečnika, što prvenstveno zavisi od njene namene, i dužine od osamdesetak ili više centimetara, sa ručkama sa strane, a služi da bi se njime tanjilo i razvlačilo testo.

Evolucija oklagije, bez obzira na poprilično trajanje evolucije, nije bila plodotvorna, jer od običnog valjkasatog drveta, koje su koristile naše pretkinje, pa do današnjih plastičnih oklagija sa metalnom osovinom u sebi, nije imalo bogzna šta da se promeni.

Oklagija se može koristiti u bar još dve svrhe o kojima muškarci nerado govore. Prva od njih podrazumeva drvenu, nikako plastičnu oklagiju kojom domaćica dočekuje i mlati po glavi i leđima svog okasnelog muža koji se posle ponoći vraća pijan (ili još gore, iz kreveta svoje ljubavnice). Oklagija se u ovu svrhu najviše koristila u XIX i u prvoj polovini XX veka. Sada se bračne nesuglasice te vrste obično rešavaju na drugi način.

Upotreba oklagije u drugu svrhu takođe se više vezuje za gore navedeni vremenski period. Domaćice čiji su se muževi duže zadržavali na putu, u momentu kad ni ljubavnici nisu bili pri ruci, mogle su svoje seksualne apetite zadovoljiti drškom od oklagije. U poslednjih tridesetak godina se u tu svrhu koriste vibratori. To je još jedan dokaz da se tehnički progres uvukao svuda — čak i među ženske noge...

32

ZAPEČENE KNEDLE OD SIRA

Potrebne namirnice:
300g starijeg sira, 3 jaja, 5 kašika brašna, 2dl kisele pavlake, 30g maslaca, so, 6 malih okruglih kriški suvog svinjskog vrata, kečap po želji.

Način pripremanja:
Sir izgnječiti viljuškom i dodati mu razmućena jaja, polovinu maslaca, pavlaku, brašno i so. Dobro izmešati dok se ne dobije kompaktna masa. Od mase praviti knedle, posudu za pečenje namazati preostalim maslacem, poređati knedle i zapeći ih u pećnici (na 200°C oko 20 minuta).

Način serviranja:
Odabrati 6 lepših knedli, 6 kriški svinjskog vrata rasporediti

polukružno od kuka do kuka (partnerka leži na leđima) preko venerinog brega. Staviti knedle na njih i preliti ih kečapom po želji.

POGLED KROZ KLJUČAONICU

Diskusiju o tome da li su pre nastala vrata ili ključaonica ne vredi ni počinjati. Ličila bi izvesno na staru raspravu o tome da li je pre nastala kokoška ili jaje. U svakom slučaju kad je čovek našao ili napravio nešto vredno, što je trebalo sačuvati, našao je i način da to zaštiti od drugih. Međutim, od tuđih ruku stvari se kako-tako i mogu zaštititi, ali od radoznalih i zavidljivih pogleda, teško.

Još u davna vremena iskristalisao se tip čoveka-radoznalca koji je virio (kroz ključaonicu) u ono što je drugima bilo najsvetije i najtajnije.

Najzad, kao podvrsta tog istog radoznalca, nastao je voajer, čovek koji viri u tuđe spavaće sobe. Njegovo ponašanje spada u nastrana seksualna ponašanja, a pošto su ključaonice postavljene na vratima relativno nisko, ima solidne šanse da oboli od išijasa. Ipak, izgleda da se voajeri toga ne plaše. Oni su uporni i izdržljivi, a što je ključaonica manja, uzbuđenje im je veće.

33

PRUTIĆI OD LISNATOG TESTA S PARMEZANOM

Potrebne namirnice:
150g zamrznutog lisnatog testa, 50g narendanog parmezana, 1 žumance, kisele pavlake po želji.

Način pripremanja:
Kad se testo odmrzne razvučemo ga oklagijom na debljinu od oko 0.5cm i izrežemo u trake široke 6-7cm. Trake premažemo žumancetom, pospemo narendanim parmezanom i popreko isečemo tako da dobijemo prutiće širine oko 1cm, a dužine 6-7cm, odnosno koliko su široke trake. Prutiće stavimo u pleh poprskan hladnom vodom i pečemo u rerni zagrejanoj na 220°C, 8-10 minuta.

Način serviranja:
Partnerka leži na leđima sa nogama blago savijenim u kolenima. Prutiće od testa (oko 20 komada) poređamo uspravno između njenih

stisnutih potkolenica, pa ih zatim ređamo između kolena i najzad između butina do samih prepona, da budu pod pravim uglom u odnosu na njene noge. Na ovaj način dobijamo svojevrsnog „ježa". Kao dodatak ovome na partnerkin venerin breg možemo staviti 2-3 kašike pavlake u koju ćemo umakati štapiće. Prutiće konzumirati jedan po jedan usnama.

Ako se odlučite da ovom receptu dodate kiselu pavlaku, bilo bi poželjno da partnerkin „brežuljak" bude obrijan. Brijati se ili ne, takođe spada u poglavlje o ukusima, a u isto poglavlje spada i džentlmen koji se spominje u eseju koji sledi.

HOBI

Postoji na hiljade hobija. Skupi, jeftini, opasni, bezazleni itd. Jedan od besplatnih i finijih hobija je gledanje lepih žena na ulicama. Negativna strana ovog hobija je moguće naletanje na pesnicu ljubomornog muža.

Bez želje da favorizujem bilo kakav hobi, kao jedan od najunikatnijih, a možda i potpuno unikatan, spomenuo bih hobi jednog engleskog džentlmena. On je makazicama sekao dlačice sa venerinih brežuljaka svojih ljubavnica i njima punio jastuk na kome je spavao. Od skromnog jastučka, nastao je jastuk, maltene jastučina.

Možemo samo da nagađamo kakve je snove sanjao dotični gospodin na takvom jastuku.

34

RIMSKE ZVEZDICE

Potrebne namirnice:
50g griza, 125ml mleka, 1 kašika narendanog parmezana, 1 kašika prezli, 1 kašika maslaca, 1 žumance.

Način pripremanja:
Griz polako sipamo u vruće mleko, posolimo ga i kuvamo dok se masa ne zgusne (oko 10 minuta). Zatim posudu skinemo s vatre pa grizu dodamo žumance i kašiku parmezana. Masu sipamo u namašćen pleh, oklagijom je istanjimo na debljinu od oko 1cm, i ostavimo je da se ohladi. Modlom izrežemo jedan polumesec a drugom modlom u obliku zvezde izrežemo ostatak testa. Mesec i zvezde prebacimo u drugi pleh premazan maslacem, pospemo ih prezlama i prelijemo ostatkom rastopljenog maslaca, i stavimo u rernu da se peku na 200°C 7-8 minuta dok se na njima ne uhvati korica.

Način serviranja:
Polumesec i zvezdice dok su još tople staviti na sledeći način:

polumesec stavite između partnerkinih grudi (ona leži na leđima), a zvezdice poređajte u obliku piramide ispod grudi, koja se širi prema stomaku. Mesec i zvezdice konzumirajte usnama.

ZAJEDNIČKA VEČNOST

Kad sudbina nekog obdari, onda to najčešće čini neštedimice. A ima li lepšeg dara od lepote i mladosti u večnom gradu Rimu?

Upravo s tim, naravno i s talentom za glumu koji sve više razvija, počinje da krči put ka uspehu i ženskim srcima „najlepši Italijan", Marčelo Mastrojani.

Južnjačka lepota, vitalnost, erupcija emocija, seksipil i lakoća stupanja u kontakt s ženama — da li to može ostati neprimećeno? Naravno da ne može. Primećuje ga publika, režiseri, a naročito žene...

Kroz Marčelov strasni, filmski zagrljaj, prolaze stotine glumica, od anonimnih starleta pa do filmskih diva poput Klaudije Kardinale i Sofije Loren. O tom čuvenom zagrljaju mašta bar polovina ženske populacije u Evropi ranih šezdesetih godina XX veka, a samo odabrane uspevaju da kroče u njegov privatni život.

Od mladog lepotana, Marčelo se tokom godina pred kamerama pretvara u ozbiljnog čoveka i starca dostojnog poštovanja. Lepota ustupa mesto intelektu, a ovaj senilnosti, posle koje se odlazi u legendu.

I kao što Večni grad ima svoj Koloseum, ima i jednog Marčela Mastrojanija s kojim nesebično deli zajedničku večnost.

35

JAJA NA OKO SA ŠUNKOM

Potrebne namirnice:
2 jaja, 1 kašičica maslaca, 2 manje kriške šunke, 2 manje kriške hleba, malo kečapa.

Način pripremanja:
Šunku malo prepržimo, izvadimo je iz tiganja i stavimo na salvetu da se malo ocedi. Ispržimo jaja na oko i takođe ih stavimo na salvetu da se malo ocede od maslaca.

Način serviranja:
Partnerka kleči na kolenima i laktovima (četvoronoške). Malo iznad njene guze, na krsta stavite 2 kriške hleba, stavite na njih malo kečapa, zatim po parče šunke i najzad jaja. Jesti pridržavajući komade rukom.

Položaj konzumacije gore navedenog recepta koristi maltene sav životinjski svet na zemlji — za parenje. Koristili su ga i primati (naravno, koriste ga i ljudi kao jedan od mnogih položaja za vršenje seksualnog odnosa). Ono po čemu se ljudi, između ostalog, razlikuju od celokupne faune na Zemlji, je i kontracepcija.

KONTRACEPCIJA

Kontracepcija je otprilike stara koliko i začeće. O tome svedoči i deo iz *Starog zaveta* u kome Onan, po kome će kasnije pogrešno dobiti ime onanija, prekida polni čin neposredno pre ejakulacije (*coitus interruptus*).

Međutim, i naši preci su znali da prekid odnosa može lišiti zadovoljstva nekog od partnera, pa su napori usmereni u pravcu zajedničkog orgazma, a protiv neželjene trudnoće.

Prve korake u tom pravcu čine stari Egipćani. Na jednom sačuvanom papirusu iz 1550. godine pre nove ere, zabeležena je izrada prvih vaginalnih umetaka i to od gumirabike i meda. U X veku u Indiji, Ali ibn Abas u *Kraljevskoj knjizi* preporučuje vaginalni umetak sa solju i uljem.

Od tada pa do pojave izuma pukovnika Kondoma, krevetima, ložnicama i ljubavnim gnezdima širom svih meridijana, prodefilovao je čitav galimatijas tampona, irigatora i najrazličitijih sredstava protiv začeća, od kojih neka ne samo što često nisu bila delotvorna, već su ponekad bila i smrtonosna (žene sa zaravni Basai u središnjoj Africi, uguravala su u sebe na duže vreme klupko trave; moguće posledice su bile zaraza i sepsa).

Gore navedeni pukovnik dao je svoje prezime najpraktičnijem zaštitnom sredstvu — prezervativu. Nedugo zatim pridružio mu se i izum XX veka — kontraceptivna pilula.

Ipak, i povrh toga na sreću, deca se i dalje rađaju, kako ona željena, tako i neželjena...

36

DEVIČANSKI OMLET S MASLINAMA

Potrebne namirnice:
3 jaja, 1 kašika kečapa, nekoliko maslina, 1 kašika mleka, malo ulja i soli.

Način pripremanja:
Od tri jaja i kašike mleka napravimo omlet i stavimo u tiganj da se isprži. Isprženi omlet saviti u oblik trougla. Položimo na tanjir da savijene strane dođu odozgo. Iz tube u sredinu omleta (zapravo u procep koji čine savijene strane) istisnemo kečap i preko njega stavimo 5-6 maslina.

Način serviranja:
Omlet stavimo na salvetu da se malo ocedi od ulja, zasečemo ga nožem radi lakše konzumacije, pljosnatom kašikom ili lopaticom za

torte ga prebacimo na venerin brežuljak (partnerka leži na leđima). Omlet konzumiramo usnama i po potrebi prstima.

DEVIČANSTVO

Ma koliko to danas izgledalo čudno, devičanstvo se kod drevnih naroda nije naročito cenilo. Na njega se gledalo, kao što se i danas gleda u nekim plemenskim zajednicama pogotovu u Africi, kao na prepreku za rađanje i reprodukciju, što je u ono vreme bio jedan od osnovnih ciljeva i namena ženskog dela stanovništva.

Muški šovinizam? Antifeminizam? Nimalo! Samo ogoljena šema za preživljavanje u teškim životnim uslovima u kojima muškarci vode ratove i love, a žene vode domaćinstvo i brinu o potomstvu.

U sve to se malčice upleo i politeizam pomešan s magijom, jer se verovalo da krv himena može imati loš uticaj na onog ko vrši razdevičavanje. Zato se u tu svrhu koristilo specijalno kamenje, na koje bi sela devica, a nešto kasnije razdevičavanje su počeli da vrše plemenski šamani, stranci koji se zadese u plemenu ili rođaci budućeg mladoženje. Himen je počeo da dobija na ceni tek u Evropi u vreme starog Rima.

37

PROLEĆNI OMLET S KORICAMA

Potrebne namirnice:
2 jaja, 1 manja kriška belog hleba, 1 kašika maslaca, 1 rotkvica radi dekoracije, 1 veći list zelene salate.

Način pripremanja:
Omlet ispržimo kao i obično, a hleb isečemo na kocke i propržimo na maslacu. Kad se omlet malo ohladi pažljivo ga zasečemo nožem na četiri dela da nam bude lakše prilikom konzumiranja, ali pri tom pazimo da ga ne isečemo skroz.

Način serviranja:
Partner legne na stomak i opruži ruke pored tela. Na kičmu između njegovih plećki stavimo list zelene salate a preko njega omlet i rotkvicu. Kockice hleba stavite takođe na list salate, a ako nema

mesta onda ih stavite pored. Salatu treba grickati zajedno sa omletom i kockicama hleba, pomažući se rukom.

HLEB

Namirnica u ljudskoj ishrani o kojoj je najviše pisano, koja je slikana i opevavana, željena i slavljena, koja ima čak i svoj muzej u Pećincima, gradiću u Vojvodini na severu Srbije i možda još negde u svetu, možete lako pretpostaviti, to je hleb. Nastao je najverovatnije u Egiptu pre oko 5.000 godina, a može se mesiti i mesi se doslovno od svega i svačega, pa i od skrobne mase hlebnog drveta (latinski naziv *artocarpus*) čije ime odaje neposrednu vezanost za hleb.

Japanci, ti magovi tehnike, izmislili su mini-pekaru, da ne kažem pekaru-robota koji od brašna, soli, kvasca i vode mesi razna, čak solidna testa. Međutim, naši stari (a možda u svetu ima još sličnih sentenci) s pravom su zaključili da se „hleb od duše pravi", i zbilja kad ga uzmemo onako vrelog ispod sača, ili iz dobre starinske furune, prosto osećamo kako „i diše i miriše".

Za dugovečnost se mese hlebovi od raznih vrsta žitarica, integralni, makrobiotički i slično. Moj savet bi bio: koristite crni hleb sa tri udubljenja na sebi koja podsećaju na tri tačke, jer, ono što ima tri tačke, nikad se ne završava.

38

TVRDO KUVANA JAJA À LA TOULON

Potrebne namirnice:
3 tvrdo kuvana jaja, 50g majoneza, 1 konzerva sardina.

Način pripremanja:
Jaja skuvamo, isečemo po dužini i okrenemo ih oblom stranom prema gore. Prelijemo ih majonezom. Sardine izvaditi iz konzerve i staviti ih na salvetu da se ocede od ulja.

Način serviranja:
Partnerka raširenih nogu neka sedne na listove i pete, tako da njene butine i potkolenice formiraju oštar ugao. Polovine kuvanih jaja prelivene majonezom stavimo na njene butine oblom stranom na gore, na oko 5-7cm razmaka jednu od druge, i to 3 na levu i 3 na desnu nogu. Možemo ih posuti s malo aleve paprike po želji. Između

polovina jaja, pažljivo da ne skliznu, stavićemo 4 sardine (po dve na svaku butinu) i konzumirati malom viljuškom (pažljivo) i jezikom.

Pre nego što pređemo na esej koji govori o butinama i podvezicama, navedimo samo dve (a u svetu ih ima na hiljade i hiljade) poslovice o ljubavi. Korejska poslovica glasi: „Ljubav je za jednu noć kadra sazidati Kineski zid". Nemačka poslovica nam saopštava sledeće: „Slama u cipelama i ljubav u srcu proviruju na sve strane".

PODVEZICE

Podvezice ili trake za držanje čarapa spominju se prvi put krajem XVII veka. Nastale su iz čisto praktičnih razloga, kao i većina odevnih predmeta i pomagala, da bi se izbeglo neprestano srozavanje čarapa.

Oko 1700. godine u Engleskoj one počinju da bivaju i erotski simbol. Za vreme vladavine Edvarda II masovno ih koriste gospođe iz visokog društva. Da bi dobile na ceni i važnosti podvezice su ukrašavane čipkom ili čak dragim kamenjem. Radi veće pikanterije dame odlaze i korak dalje — ukrašavaju ih malim medaljonima u kojima su bili ovekovečeni njihovi muževi ili još češće ljubavnici.

Modno najrafiniranija nacija sveta, Francuzi, da ne bi zaostali u pogledu podvezica za Englezima, izmišljaju poklon-podvezice. Prilikom venčanja ova podvezica je kidana i deljena mladinim svatovima. Ako bismo tražili dublju simboliku ovog čina došli bismo do simbola devičanstva, a kidanje trake simboliše razdevičavanje mlade koje predstoji tokom prve bračne noći.

„Domovina" podvezice, Engleska, odužila se ovom modnom detalju na još jedan neobičan način — proizvela ga je u neku vrstu ordena.

Zanimljivo je reći da su podvezice ušle u upotrebu daleko pre gaćica i odmah su široko bile prihvaćene, za razliku od ovih drugih.

MALI EROTSKI KUVAR (GARNIRAN ESEJIMA)

Tokom vremena podvezica evoluira u halter i to najčešće crne boje, jer se ona smatra za najseksipilniju kombinaciju u kontrastu s belom kožom. U XX veku pojavom najlon čarapa, hulahopki i sličnih savremenih proizvoda, slava podvezica biva malo pomračena, ali njihova upotreba ni izdaleka ne dolazi u pitanje. Njihov erotski naboj je i dalje veliki i nose ih žene koje žele i imaju šta da pokažu ispod haljina i sukanja.

39

PASTRMKA S BADEMIMA

Potrebne namirnice:
1 manja pastrmka, 50g maslaca, 30g seckanog badema, seckani peršun, list zelene salate, kupusa ili zelja, malo limunovog soka i belog vina.

Način pripremanja:
Pastrmku posolimo, uvaljamo je u brašno pa je s obe strane pečemo na vrućem maslacu dok ne postane smeđa (8-10 minuta). Zatim je izvadimo i položimo na ovalni tanjir. U tiganj s maslacem stavimo badem i pržimo ga dok ne požuti, a zatim ga zajedno s maslacem prelijemo preko pastrmke i pospemo s malo seckanog pešuna.

Način serviranja:
Pastrmku poprskati s malo limunovog soka i belog vina i zatim je zajedno s listom zelene salate staviti na krsta partnera koji leži na stomaku skupljenih nogu.

KOLEVKA ŽIVOTA

Još mi je u živom sećanju ono bežanje i skrivanje pred neumitnom kašičicom ribljeg ulja. Taj neprijatni miris i odbojni ukus bili su pratioci mnogih detinjstava posle Drugog svetskog rata. Kasnije je farmacija učinila svoje: kozmetički je oplemenila ulje i pretvorila ga u podnošljive perlice koje su i dalje ostale nezamenljivi prijatelj dečjih kostiju. Riblja mast koju poznajemo pod popularnim nazivom „Jekoderm", takođe je doživela metamorfozu, miris joj je privlačniji (ili, govoreći istinu, manje odbojan). Najčešće se i ne pitamo otkud jednom ribljem ulju (*jecoris oleum*) tolika pozitivna svojstva. Ne pitamo se i zbog toga što smo zaboravili na svoju prakolevku, more i naše prapretke, ribe. Iz čega će nastati najbolje i najkorisnije stvari, ako ne iz onoga u čemu je nastao život — iz mora. A što se tiče ljudske vrste nije nemoguće da će se naši daleki potomci ponovo vratiti u kolevku života.

40

TELEĆI KOTLETI NA ENGLESKI NAČIN

Potrebne namirnice:
1 kotlet od oko 150g, 1 kriška hleba, malo maslaca, limuna, peršuna.

Način pripremanja:
Kotlet pržimo na maslacu i kad se isprži prebacimo ga na tanjir. Na njega nakapljemo limunov sok. Kotlet isečemo na komade, ali komade i dalje ostavimo da čine jednu celinu. Ovo moramo učiniti da ne bismo bili prinuđeni da za vreme konzumiranja sečemo nožem.

Način serviranja:
Na unutrašnju stranu butine (partner leži bočno, a drugu nogu je podigao, savio u kolenu i oslonio na potkolenicu noge na kojoj leži) stavimo krišku hleba koju smo prethodno zasekli, na nju položimo komade kotleta ne odvajajući ih međusobno. Kotlet na kriški hleba

po želji poprskamo sa još malo limunovog soka i stavimo odozgo listiće peršuna.

„DISKRECIJA ZAGARANTOVANA"

Mnogo puta mi se dešavalo da listajući oglasni deo novina naiđem na tu šifru. I vama, zar ne? Većina ljudi je sklona da ne poveruje u uspeh ostvarivanja kontakata preko oglasa. Međutim, bar u Nemačkoj, od 5.000.000 kontakata svaki osmi se srećno završava, što, priznaćete, uopšte nije loš rezultat.

Ako malo zavirimo u istoriju oglašavanja videćemo da se prvi oglas u kome neko traži partnerku pojavio 1695. godine. Engleski izdavač (ko bi očekivao da će baš ti „hladni" Englezi probiti led u ovakvim „vrućim" kontaktima) Džon Houton štampao je tekst sledeće sadržine: „Džentlmen star tridesetak godina sa imanjem traži mladu damu čije bogatstvo treba da iznosi 3.000 funti". Prvi oglas te vrste u Nemačkoj se pojavio 1738. godine, a tek su početkom XIX veka postali masovniji.

Naravno, ni oglašavanje bračnih ponuda, kao ni mnogo toga drugog, nije moglo proći glatko i bez protesta. Pobunila se izvesna grupa gospođa (preteče feministkinja ili se možda varam) koje su tvrdile da nije u redu da se „najlepši i najsvetiji od svih dogovora, brak, svede na običan poslovni ugovor" (kao da od tada pa do danas dobar deo brakova nema karakter poslovnog ugovora).

Stručnjaci koji se bave problematikom oglasa, psiholozi i sociolozi, a i svi ostali koji su se bar jednom upustili u podrobnije iščitavanje oglasa, slažu se u jednom — oglas kao vrsta kontakta lične prirode ima jednu veliku manu: u njemu svi, ili bar skoro svi lažu. Oglašivači smanjuju godine, kilograme, ulepšavaju svoje karaktere i slično... Da ljubav i laž često idu ruku pod ruku, govori nam i sledeća nemačka poslovica: „Ljubav se sastoji od četiri stvari: od uzdaha, od jecaja, od želje za smrću i mnogo laži".

Statistika kaže da na svoj oglas žene u proseku dobiju do 34 bračne ponude, a muškarci 1-6. Pa, ko voli nek izvoli, diskrecija je zagarantovana.

41

PILEĆI FILE S LEŠNICIMA

Potrebne namirnice:
½ pilećg filea, 10 lešnika, 2 kriške hleba, kečap po želji, malo ulja.

Način pripremanja:
Pileći file (odnosno pileće grudi očišćene od kostiju) ispržimo na vrelom ulju u tiganju sa obe strane po 10-12 minuta. Stavimo ih na salvetu da se malo ocede od ulja i isečemo na komadiće dužine 2-3cm. Kriškama hleba izvadimo sredinu, tako da ostane samo ogradica od kora.

Način serviranja:
Na partnerkin grudni koš iznad dojki (ona leži na leđima) stavimo korice hleba a unutar njih stavimo isečenu piletinu, lešnike i prelijemo ih sa više ili manje kečapa, što zavisi od ukusa. Konzumiramo kašičicom i jezikom.

ŽIVELE SISE

Nikada nije previše pohvala i lepih reči kada se radi o jednom tako izuzetnom delu ženskog tela, kao što su grudi. Postoje različiti pristupi grudima (ovde ćemo zanemariti dojenčad i njihov plačno-halapljivi pristup). Tretman grudi sa obe šake zovemo i erotska masaža, odnosno hvatanje, stiskanje itd. Drugi, takođe značajni pristupi su sluzokožno-nežnog tipa (felacija bradavica) i dentalnog tipa (grickanje bradavica).

Međutim, iako su gornji pristupi bez sumnje privlačniji, ovoga puta sam se opredelio za lingvističko-statistički pristup. Pođimo od činjenice da na svetu postoji nešto manje od 3.000 frekventnijih jezika, ali uzmimo da u svakom jeziku postoji bar pet sinonima za grudi, sise, dude, sike, prsa, pluća... — dolazimo do orijentacione statističke cifre od skoro 15.000, a verovatno i više reči, odnosno termina kojima se veličaju, tepaju, maze itd. ženske mlečne žlezde. To je čitav spev, oda, ili, ako hoćemo, himna sisama, a tim se, priznaćete, malo stvari na ovoj zemaljskoj kugli može pohvaliti. Zato — živele sise!

42

KUKURUZ U KLIPU

Potrebne namirnice:
1 klip mladog kukuruza, kečap, so.

Način pripremanja:
Klip kukuruza ne ljuštimo od listova nego ga zajedno sa njima kuvamo 20-25 minuta u šerpi odgovarajuće veličine. Posle toga ga ostavimo da se malo ohladi i ocedi.

Način serviranja:
Klip kukuruza oljuštimo od listova tri četvrtine, pa ga stavimo među partnerkina stopala (ona sedi na stolici ili na krevetu i drži noge skupljene i savijene u kolenima). Klip kukuruza posolimo i stavimo kečap. Konzumiramo klip pridržavajući ga obema rukama.

AMPLANG

Postoje različita sredstva da se poveća ženin užitak za vreme seksualnog odnosa. Za muškarca je jedno od najneprijatnijih, svakako amplang. Koristi se u plemenu Dajak na Borneu. Operacijom se otvara kanal kroz glavić muškarčevog uda. U kanal se stavlja uljem namazano golubije pero da kanal ne bi zarastao. Pre početka snošaja u kanal se stavlja štapić od metala ili od slonove kosti. Na krajeve ovog štapića dugačkog 4-5cm se ponekad stavljaju i kuglice od metala. Žene plemena Dajak zahtevaju da svaki čovek ima amplang. Ako ga muškarac nema, one imaju pravo da odbiju njegovu seksualnu ponudu.

Već i sama pomisao na stavljanje amplanga u penis kod većine ljudi budi jezu i odbojnost. Međutim, plemenske zajednice u kojima je tradicija izjednačena sa matricom opstanka i ponašanja i ne pomišljaju o razložnosti ili opravdanosti takvog postupka. Kada bi razmišljali na način na koji mi to činimo, oni ne bi bili ono što jesu.

Spomenuli smo razmišljanje. Ne znam šta bi muškarci iz plemena Dajak rekli o ovom što sledi, ali, ako je verovati svetskim naučnicima, odrastao muškarac svaka tri minuta pomišlja na seks i njegove mnogobrojne derivate. U dubokoj starosti, negde posle osamdesete godine, taj interval više nije tri minuta, nego se pomera na šest do osam minuta. Međutim, skleroza uzima svoj danak kod mačo menova koji su prevalili osamdesetu. Oni svakih šest do osam minuta pokušavaju da se sete o čemu su to nekad razmišljali svaka tri minuta.

Na kraju, ne zamerite na ovom crnom humoru. On je sličan crnoj čokoladi, malo gorči, ali ipak prija.

43

ŠARGAREPA U PAVLACI

Potrebne namirnice:
10 šargarepa, 1 kisela pavlaka, malo kačkavalja, malo peršuna.

Način pripremanja:
Odaberemo male, mlade šargarepe i kuvamo ih u slanoj vodi oko 20 minuta. Kad se skuvaju ocedimo ih i stavimo da se malo ohlade. Iseckamo peršun i pomešamo ga s pavlakom.

Način serviranja:
Na partnerova krsta (on leži na stomaku) staviti pavlaku i rasporediti je u koliko-toliko kružnom obliku. Šargarepe poređati oko pavlake tako da njihovi vrhovi delimično uđu u nju. Preko šargarepe narendati kačkavalj.

KARMIN

Neke žene se šminkaju više, neke manje, ali retko koja da ne koristi bar karmin. On je taj osnov, temeljac ženskog ulepšavanja. Bez njega ženske usne ne bi ni izdaleka budile toliko muške strasti i požude.

Boju karmina bira svaka žena prema ličnom nahođenju. Karmin diskretno, ili ako to žena želi indiskretno, ističe usne — taj ukras ženskog lica. I sam proces karminisanja, propraćen mimikom ženskih usana, mnoge muškarce ne ostavlja ravnodušnim.

Nakarminisane usne (pogotovu crvene) neodoljivo asociraju na jedne druge usne na ženskom telu koje se nalaze u podnožju hrama ljubavi. Kad smo već kod asocijacija, vrhunac je bio pojava, sredinom sedamdesetih godina XX veka, karmina čiji je vrh bio u obliku glavića muškog penisa. Manekenke na naslovnicama nekolicine evropskih časopisa koje su karminisale usne takvim karminima nisu ostavljale mesta nikakvim asocijacijama — poruka je bila odveć jasna i seksualna.

44

PRŽENI KROMPIRI S BADEMOM

Potrebne namirnice:
3 krompira srednje veličine, 10 badema, malo ulja.

Način pripremanja:
Krompir oljuštimo i isečemo na tanke kolutove, a badem isečemo napola i pržimo ih zajedno 10-12 minuta u vrelom ulju.

Način serviranja:
Partnerka leži bočno s nogama savijenim u kolenima i kolenima priljubljenim uz grudi. Pržene krompire (oko 20 kolutova) stavimo pljoštimice na partnerkinu butinu, kuk i delimično guzu. Preko njih takođe pljoštimice stavimo po jednu polovinu badema. Salvetom obrišemo ostatke ulja ako se sliva okolo i sve posolimo.

Poznato je da je badem, poput oraha, lešnika i kikirikija, prava riznica

E vitamina koji i te kako pospešuje seks, a nije na odmet ni sportistima. Sledeći esej govori i o jednom i o drugom.

ŽENSKI BICIKL

Pronalazač prevoznog sredstva koje je bilo preteča današnjeg bicikla, Francuz Dres, daleke 1818. godine nije ni pretpostavljao da će se bicikli jednog dana deliti na muške i ženske. Naravno, ta podela je sasvim uslovna i ona šipka koja muški bicikl čini muškim, kod nekih modela je konstrukcijski prevaziđena.

Žene uporedo s muškarcima učestvuju u različitim biciklističkim takmičenjima. Njihova privrženost biciklima ovekovečena je na čitavom nizu umetničkih slika i fotografija u XIX, XX i XXI veku. Čak nam je i maestro Felini u svom nezaboravnom *Amarkordu* podario antologijsku scenu kada žene sedaju na bicikle i započinju vožnju.

Erotska literatura, koja u mnogo čemu ume da pretera, nebrojeno puta opisuje i hvali naslanjanje klitorisa na sedište bicikla i zadovoljstvo koje pri tom osećaju biciklistkinje.

Kako-tako, vožnja bicikla u prirodi je bez sumnje zdrava rekreacija za oba pola. Ako se ta korist ponekad potkrepi ugodnim osećajem kod žena, eto razloga više da vaš dvotočkaš ne čami u nekom zapećku.

45

PEČENI KROMPIR U LJUSCI

Potrebne namirnice:
6 manjih krompira, 30g majoneza, 30g mekog sira, 30g pavlake.

Način pripremanja:
Krompire oprati, obrisati krpom i ne ljušteći staviti ih u rernu zagrejenu na 200°C da se peku oko 50 minuta. Kad se ispeku izvadite ih i čim se malo ohlade oljuštite ih i presecite napola. Sir, majonez i pavlaku lepo izmešajte i stavite ih u špric za tortu (ako je smesa u zavisnosti od sira malo gušća, u špric dodati malo jogurta).

Način serviranja:
Krompire staviti pljoštimice na grudni koš iznad dojki (partnerka leži na leđima). Špricom za torte istisnuti smesu na krompire tako da svakom krompiru napravimo „kapu" od te smese, a ostatkom

smese ocrtajte jedan krug oko svih krompira. Konzumirajte usnama i jezikom.

OD „KROMPIR BALA" DO „CRVENOG BANA"

Krompir vodi poreklo iz Južne Amerike, a prenesen je u Španiju 1536. godine. Odatle se polako proširio u sve evropske zemlje i definitivno bio „najsirotinjskija hrana". Bez obzira na to (ili zbog toga što je to vreme vrvelo od sirotinje), očuvao je mnoge narode od umiranja od gladi, pa su njemu u čast i u svrhu popularizacije njegovog uzgajanja u Nemačkoj održavani „Krompir balovi".

U Srbiju ga je doneo književnik i prosvetitelj Dositej Obradović krajem XVIII veka i tu je, uprkos prvobitnom neprihvatanju, krompir pustio svoj koren u tradiciji i kulinarstvu srpskog naroda. Krompir se pre ili kasnije proširio i dospeo i u ostale slovenske zemlje.

Njegova afrodizijačka svojstva su pomalo diskutabilna (zbog njegove niske kalorijske vrednosti, malo masnoća itd.), ali nije isključeno da se njegovom masovnijom upotrebom u narodu (narod je bar bio sitiji) pojačala želja za seksom, što je rezultiralo ne samo povećanjem populacije nego i razmišljanjima i kazivanjima o seksu, odnosno usmenim narodnim stvaralaštvom koje se prenosilo s kolena na koleno.

Tek negde sedamdesetih i osamdesetih godina XX veka počelo se sa obelodanivanjem i štampanjem ovog dela narodnog stvaralaštva (reč je, naravno, o erotskom stvaralaštvu) koje je do tada prećutkivano ili jednostavno prenebregivano.

Otkrili smo da se Vuk Karadžić nije libio da, pored poslovica, pesama, zagonetki i ostalog, zabeleži i erotsku narodnu poeziju. Tako je do ruku čitalaca došao *Crven ban*, a posle toga i *Mrsne priče*. Malo-pomalo su se odškrinula vrata „seksualnog vilajeta" pa su se pojavile knjige *Zaveštajni tetreb* od Afanasjeva (rusko narodno erotsko stvaralaštvo), *Erotski narodni prikazni* (*Erotske narodne priče* — makedonsko narodno stvaralaštvo) i drugi naslovi.

Tako je vekovna nepravda ispravljena — na svetlost dana izašao je još jedan od narodnih dragulja, „mrsan" i „drčan", ali koji nedvosmisleno pokazuje da i mi, Sloveni, „konja za trku imamo". Doduše, nije baš *Kama Sutra* ili *Ananga Ranga*, ali, što reče Pjer de Kuberten: „Važno je učestvovati".

46

PENASTI PIRE KROMPIR

Potrebne namirnice:
Oko 200g oljuštenog krompira, 20g maslaca, 50ml mleka, 20g slatke pavlake, malo peršunovog lista, malo soli.

Način pripremanja:
Krompire isečemo na 4 dela, kuvamo ih u slanoj vodi oko 40 min. Zatim ih ispasiramo, pa dodamo so. Mešajući malo-pomalo dodajemo i vruće mleko, a na kraju 20g (otprilike jedna supena kašika) slatke pavlake. Ako pire bude previše gust dodaćemo još malo mleka.

Način serviranja:
Ovakav pire napunimo u špric za torte (ovo ćemo morati da činimo nekoliko puta zbog količine pirea) i obilno njime našpricamo partnerkin grudni koš i grudi (ona sedi malo zabačena unazad na stolici ili krevetu). Kad stavimo pire bilo bi dobro da partnerka prekrsti ruke ispod grudi da se pire ne bi eventualno slivao. Listove peršuna staviti preko pirea. Konzumirati jezikom.

„POLJUBAC JE SUSRET NAJSLAĐI NA SVETU"

Poljubac je nastao u vreme kad je davni čovekov predak sve više napuštao navike primata, a poprimao nove, ljudske. Smatra se, mada ne sa preteranom sigurnošću, da je poljubac nastao još u kamenom dobu. Ali iz čega? Nema sumnje da je poljubac proistekao iz radnje koja je još stotinama hiljada godina pre kamenog doba bila karakteristična, čak životno važna, za sisare — iz njuškanja.

Ova tvrdnja ima svoj vrlo čvrst oslonac i u sadašnjem ponašanju naroda jugoistočne Azije, Okeanije, australijskih domorodaca Aboridžina, i Eskima. Svi oni, ono što bi izrazili poljupcem, izražavaju dodirivanjem noseva i uzajamnim njuškanjem. U plemenu Čitagong se ne kaže „poljubi me", već „pomiriši me".

Da je kod Japanaca poljubac u usta vrlo nepristojan čin, vidi se i iz događaja koji se odigrao 1924. godine u Tokiju kada je priređena velika izložba evropskih slikara i vajara. Reprodukcija Rodenove skulpture *Poljubac* skrivena je od očiju publike, iza jednog trščanog paravana. Na intervenciju francuskog poslanstva koje ovaj postupak nije moglo razumeti, načelnik tokijske policije izjavio je da je „ljubljenje jedna vrlo ružna navika".

Pošto u svetu postoji više desetina vrsta poljubaca, neka svako odabere ono što mu odgovara i što je još važnije, neka se ne čudi drugima i njihovom izboru.

47

KROMPIR-EKSPRES

Potrebne namirnice:
Oko 200g krompira, 50g slanine, 1 mala glavica luka, 1 kriška hleba (po želji), malo ulja.

Način pripremanja:
Krompir oljuštimo i istisnemo kroz mašinu za pomfrit, ili ga isečemo ručno. Slaninu i luk isečemo na komadiće. Prvo stavimo da se prži pomfrit (oko 10 minuta) a pri kraju njegovog prženja u tiganj stavimo slaninu i luk.

Način serviranja:
Kad izvučemo iz tiganja pomfrit, slaninu i luk, stavimo na salvetu da se ocede od ulja, a krišku hleba isečemo na kockice. Partner leži na leđima i mi ćemo uzeti pomfrit i rasporediti ga u obliku kvadrata (kao ogradicu oko pupka) veličine 10x10cm. Oko te ogradice poređaćemo jednu još malo veću (ređajući prutiće pomfrita po dužini kao i prvi put) sve dok ne utrošimo pomfrit. U sredinu

tako nastalog kvadrata stavićemo luk, slaninu i kockice hleba po želji. Konzumirajte oprezno čačkalicom.

Formiranje ovakvih geometrijskih oblika na partnerovom telu podseća donekle na ono o čemu govori ovaj esej.

TETOVAŽE

Još od samog nastanka, tetovaže se dele na dve vrste: trajne i privremene. Trajne se ucrtavaju iglom, pri čemu se boja koja ostaje pod kožom može ukloniti samo plastičnom operacijom, odnosno laserom. Bol koji pri tetoviranju trpi osoba uopšte nije zanemarljiv, a moguće su i razne infekcije.

Privremene tetovaže su zapravo indijsko umeće crtanja po telu *mehndi* koje potiče još od samog nastanka indijske civilizacije. Umetnici pomoću kane, komplikovanim šarama, najčešće ukrašavaju stopala i šake Indijki. Tetovaža traje nekoliko nedelja, a najlakše se otklanja limunovim sokom.

Kao što u modi i ukrašavanju sve ima svoj trenutak, tako ni ova drevna veština ne bi postala modni hit s kraja devedesetih godina XX veka, da se iz Indije nije preselila u Ameriku.

Tetovaže međutim, duboko sežu i u istoriju japanske civilizacije. One su trajne, a najčešći motivi su zmajevi i slični zoomorfni oblici. Nisu retki slučajevi da se istetoviraju cela leđa ili grudi zajedno sa stomakom.

Sredinom sedamdesetih godina prošlog veka slavu japanskih tetovaža širom sveta pronele su japanske gejše — na nizu fotografija bile su odevene samo u — prelepe višebojne tetovaže.

Pa... kad mogu gejše, što ne bi mogli i drugi... Rukovodeći se ovakvim ili sličnim nazorima nastale su i tetovaže intimnih delova tela. Pravi potez za egzibicioniste i one koji su skloni svakojakim iznenađenjima. Lepotu i neobičnost takvih tetovaža ne dovodim u pitanje, ali mislim da je cena bola koja je za tu lepotu plaćena, ipak previsoka.

48

OMLET MARTINIK S MRVICAMA

Potrebne namirnice:
2 jaja, 1 kašičica šećera, 1 banana, 0.5dl ruma, 1 kašika šećera u prahu, 20g maslaca, čokoladne mrvice.

Način pripremanja:
Bananu isečemo na kolutove i prodinstamo ih na maslacu, ali ih ne pasiramo. Napravimo vrlo rovit omlet i dodamo mu banane. Pospemo ga šećerom u prahu i prelijemo toplim rumom.

Način serviranja:
Kada se omlet sa bananama malo ohladi, vrlo pažljivo ga iz tiganja prebacimo na venerin brežuljak i butine partnerke (ona leži na leđima stisnutih nogu). Pospemo ga mrvicama čokolade i konzumiramo usnama i po potrebi viljuškom, vrlo pažljivo.

DRUGA BOJA — CRNO

Drevni grčki istoričar Herodot, nudi nam zanimljivu teoriju nastanka crne rase. Dionis, bog slavlja i vina, popivši jednom previše ove omamljujuće tečnosti, uželeo se ženskog društva. Budući da je u tom momentu kraj njega bila samo čarobnica Kirka, on navali na nju, a ona se branila samo reda radi. Devet meseci nakon toga ona rodi dete — crne kože. Tako po Herodotu nastadoše crnci i crnkinje.

Mi, naravno, znamo da ova teorija nije tačna, ali tačno je nešto drugo. Mada Dionis i Kirka nisu tvorci crne rase, ona kao da ima prilično njihovog nasleđa u sebi — senzualnost s jedne i čaroliju s druge strane.

Pošto čovek u svojoj biti teži drugome, različitosti i raznovrsnosti, crna rasa je uvek predstavljala predmet priželjkivanja i maštanja za belu rasu.

Žene crne kože, a takođe i mulatkinje, u svim vremenima i epohama su važile za vatrene i požudne, a muškarci su, budući prosečno polno malo obdareniji od belaca, uvek izazivali intimna maštanja belih žena.

O crnoj boji kože i njenoj lepoti pevali su, opevali je i hvalili mnogi, počevši od cara Solomona i njegove *Pesme nad pesmama*, preko Bodlera koji je zbog jedne mulatkinje bacio sve pod noge, a pri tom joj je posvetio nekoliko izvrsnih pesama, pa sve do poznatog senegalskog pesnika Leopolda Sengora i njegovih stihova o crnoj ženi.

49

VIRŠLE S PRILOGOM

Potrebne namirnice:
6 viršli, oko 100g krompir pirea, 1 kašičica senfa, 1 kašičica kečapa, malo mleka i putera (hleba po želji).

Način pripremanja:
Skuvati oko 100g krompira, pa kad se skuva oljuštiti ga i dodavši malo mleka i putera napraviti pire. Skuvati i viršle, oprati i staviti da se ocede. Pomešati 1 kašičicu senfa i 1 kašičicu kečapa dok se ne dobije ujednačena masa.

Način serviranja:
Između stinutih butina (partnerka leži na leđima) od venerinog brega prema kolenima u dužini od desetak centimetara rasporediti pire krompir. U njega lepezasto vrhovima zabosti tri para viršli koje će se oslanjati na butine. Iznad venerinog brega staviti smesu kečapa i senfa u koju ćete prilikom konzumacije umakati viršle. Konzumirajte prstima i jezikom i podelite viršle s partnerkom.

PREDMET LJUBAVI — GRANICE SMISLA

Sasvim je jasno da je predmet ljubavi voljena osoba ili neki deo te osobe koji je muškarcu posebno drag. Što se više predmet ljubavi pomera od konkretne osobe, to više odlazimo u stranu, odnosno u nastranost i perverziju.

Od najstarijih vremena pa do danas, društvene norme koje su određivale koje je seksualno ponašanje ispravno, a koje ne, često su se menjale. Zapravo, nije bio problem u glavnom načinu čovekovog seksualnog manifestovanja — heteroseksualnom. U svakom društvu ono je bilo pretpostavljeno svim drugim oblicima ponašanja. Problem je bio u sankcionisanju ili nesankcionisanju drugih, sporednih oblika ponašanja.

U knjigama koje se bave izučavanjem seksa, perverzije se opisuju kao „impulsivna psihopatološka stanja izopačenosti polnog nagona koja se odnose na izbor erotskog objekta, na cilj samog zadovoljavanja i na njihov način". U klasifikaciji ovakvih oblika seksualnog ponašanja opisuje se dvadesetak važnijih i poznatijih i bar još toliko manje poznatih ili nedovoljno istraženih.

Prosto je neverovatno dokle sežu psihopatološka stanja ljudskog uma. Pomenimo samo jedan drastičan primer „najhladnije ljubavi" — pigmalionizma, kako glasi stručan naziv, ili zapravo ljubavi prema kipovima. Dok se prosečan čovek pita da li je ova perverzija dobila ime po Pigmalionu i da li uopšte postoje ljudi koji vole kipove, od istoričara koji beleže intimnije strane života velikana, dobijamo šokantan odgovor. Jedan pokojni indonezijski predsednik koji je u prošlom veku više puta boravio u Beogradu, bio je čuven po svojim velikim seksualnim apetitima. Bez obzira na druženje s lepim Beograđankama, zapao mu je za oko kip ispred hotela „Metropol". Nije pitao za cenu... Nadležne vlasti su jedva uspele da bronzanu lepoticu sačuvaju od transporta na Daleki istok.

50

SLANA KECELJA OD TESTA

Potrebne namirnice:
Za palačinke: 125g brašna, 2dl hladnog mleka, 2 jaja, 30g putera, 1 kašičica konjaka (ruma). Za fil: 100g krem sira, 20g kisele pavlake, 20g majoneza (1 kašika).

Način pripremanja:
Od gore navedenih namirnica napravimo testo za palačinke, a zatim fil. Za pravljenje palačinaka treba da uzmemo što veći tiganj da bismo dobili palačinke prečnika bar 20cm. Ispržićemo 3 takve velike palačinke i nožem namazati fil po celoj površini, pa ih presaviti napola.

Način serviranja:
Partnerka je u stojećem stavu. Oko struka će vezati čist lastiš i

pomoći partneru da stavi 3 palačinke raširivši lastiš. Palačinke staviti na oba kuka i venerin breg. Konzumirati usnama i zubima.

„POD PLAVOM KECELJOM"

Poljska kuhinja pritisnuta raznim nestašicama i malim asortimanom namirnica, nije imala baš čime da se pohvali početkom osamdesetih godina XX veka. Dok je pogled u devetnaestovekovne kuvare prepune bigosa (kupus sa raznim vrstama mesa) i raznih vrsta divljači, budio setne uzdahe lokalnog stanovništva, imao sam tu divnu prednost u odnosu na njih da imam samo dvadeset tri godine, da sam stranac s nešto dolara u džepu i da me ne brine puno gde i šta ću pojesti.

Bareni krompir s vrućom, nezačinjenom cveklom u studentskoj menzi (koji bez obzira na svoju nisku kaloričnost, neznano zbog čega, pada kao kamen na želudac) smenjivao se s omletom u restoranu na železničkoj stanici u Torunju, koji je bez sumnje jedan od najlepših starih gradova severne Poljske.

Na samom vrhu te prehrambene lestvice, papren i za strance, nalazio se „Zajazd Staropoljski" čije su stolice bile prilično verna kopija srednjevekovnih prestola, a ako je verovati istoriji tog drevnog restorana, u njemu su nekad ručavale i krunisane glave.

Ipak, najčešće sam bio gost kafane vrlo intrigantnog i maštovitog naziva „Pod plavom keceljom". Razlog je bio jednostavan: kafanica je i te kako opravdavala svoj naziv. Kelnerice su osim zamamnog osmeha preko mini sukanja imale kratke plave kecelje i vrlo duboke dekoltee, a hranu su posluživale na stolovima nižim no obično. Pa zar je onda važno šta su posluživale u tanjirima?!

51

KRMENADLA S PRILOGOM

Potrebne namirnice:
1 veća krmenadla, oko 100g krompir pirea, 1 kriška hleba, malo senfa, ulje, so, malo mleka i putera za pire.

Način pripremanja:
Krompir skuvati i napraviti pire, ispržiti krmenadlu u tiganju (po 5-7 minuta sa svake strane) i kada se isprži očistiti je od kostiju. Iseći je zatim na kockice dužine 2-3cm. Krišku hleba iseći na kockice slične veličine. Komadiće krmenadle premazati tankim slojem senfa.

Način serviranja:
Partner leži na stomaku. Od sredine njegovih lopatica pa do početka zadnjice, na njegovu kičmu stavite kockice hleba s razmakom od 5-6cm. Preko hleba stavite komadiće krmenadli, a između kockica hleba s krmenadlama stavite po jednu kašičicu krompir pirea.

Krompir konzumirati kašičicom, a krmenadle usnama i zubima, oprezno.

Kalorična hrana je pre svega potrebna rekonvalescentima i sportistima, pa makar se bavili i tako neobičnim sportovima o kojima govori sledeći esej.

SPORTOVI S EROTSKIM NABOJEM

Držeći se poznatog De Kubertenovog gesla: „Važno je učestvovati", žene su u drugoj polovini XX veka i te kako povećale učešće u mnogim sportovima, a u nekim, čak ne tipično ženskim, počele i da dominiraju (umetničko klizanje).

Muški deo publike, i organizatori sportskih takmičenja, jer oni imaju najveću dobit od svega ovoga, lansirali su drugo geslo: „Važno je gledati". Tako su šortsevi takmičarki postali kraći, majice su se toliko skratile da otkrivaju sve od pupka do ispod grudnog koša (atletika), a ionako kratke teniske suknjice doživele su još jedno skraćenje.

U novije vreme lansirani su sportovi koji u sebi imaju malo sportskog, a puno erotskog naboja. Ženski boks, nepreporučljiv s medicinske tačke gledišta, opstaje na ringovima zahvaljujući muškoj publici koja očima prosto „guta" takmičarke. Rvanje u blatu, neverovatna vrsta rvanja u kojoj zbog vode kupaći kostimi takmičarki (jednodelni ili češće dvodelini, to je standardna oprema za ovaj „sport") brzo bivaju mokri, pa se tako još više provide i prijanjaju uz ženska tela, na radost i požudu gledalaca.

Ljubiteljima ovakvih „niskih strasti" preporučio bih striptiz. Tu je na kraju numere žena sasvim gola, ali je bar čista i liči na ženu a ne na blatnjavo čudovište.

KOLAČI I SLATKIŠI

52

ŠLAG S JAGODAMA

Potrebne namirnice:
1 kesica šlaga, 150ml mleka, 2 veće jagode, šećer u prahu (po želji).

Način pripremanja:
U dublji sud ulijte polovinu hladnog mleka, pa onda sipajte šlag i promešajte. Masu mutite 5 minuta mikserom. U toku mućenja dodajte ostatak mleka.

Način serviranja:
Šlag naneti preko dojki (partnerka leži na leđima) i oblikovati plastičnom mazalicom za torte, koliko je moguće, u obliku grudnjaka. Na šlag stavite po jednu jagodu, otprilike iznad bradavica. Jesti lagano kašičicom, a ostatke šlaga polizati.

DE GUSTIBUS...

Psiholozi tvrde da se ljudske sklonosti formiraju od najranijeg detinjstva. Od detinjstva se, mada mi to tada još ne znamo i ne primećujemo, formiraju i naši ukusi. O tome da su ukusi različiti, ne vredi ni diskutovati, ali postoje grupni ukusi, odnosno zajednički ukus kojim se odlikuje veliki broj ljudi.

U takve grupe mogu se svrstati muškarci, a ima ih izuzetno mnogo, koji vole velike ženske grudi. Za ovu sklonost psiholozi imaju realno objašnjenje — težnja ka velikim grudima javlja se kod osoba koje kao male nisu dojene, već su hranjene na cuclu. Njima nije pružena ona neophodna doza sigurnosti, koja preko majčinih grudi, na još nedovoljno istražene načine, prelazi na malo ljudsko biće.

Ono što nisu dobile u najranijem uzrastu, ove osobe pokušavaju da kompenzuju na razne načine tokom života. Tu nastaje odnos konzument-tržište, gde se najbolje snalaze vešti i maštoviti ljudi. Jedan od njih je i Amerikanac Džon Kirk, najveći svetski fotograf velikih grudi. Njegovo geslo glasi: „Nijedne grudi nisu prevelike". Snimio je preko 500 „prsatih dama", a filmovima iz njegovog fotoaparata može se obaviti Zemljina kugla oko ekvatora.

Zanimljivo je napomenuti da pored ovakvih, da kažemo urođenih ukusa, postoje i stečeni ukusi. Sedamdesetih i osamdesetih godina XX veka u Južnoj Americi zabeleženo je izuzetno povećano interesovanje za debele žene. One ne samo što su osvajale stranice časopisa, postajale hit javnih kuća, nego su i mladoženjama mnogo češće zapadale za oko od običnih mršavica.

Uzrok ovakvog ponašanja muškaraca otkriven je uz pomoć, naravno, opet psihologa. Pošto je tih godina vladala velika recesija, oskudica, pa i bukvalna glad, muškarci su se osećali sigurnije i zaštićenije pored žena čija su tela već na prvi pogled ostavljala utisak obilja.

53

ČOKOLADNI PRELIV

Potrebne namirnice:
100g kikirikija, malo ulja, 100g mlečne čokolade.

Način pripremanja:
Oljuštiti i ispeći kikiriki s vrlo malo ulja, pa sačekati da se ohladi (ili kupiti pečeni kikiriki). Zatim ga samleti na mašini za orahe. Rastopiti čokoladu i pomešati je s kikirikijem, da se dobije smesa koju je lako razmazati.

Način serviranja:
Za serviranje ovog recepta partnerka leži na leđima. Ukoliko je masa kikirikija i čokolade pretopla sačekati da se ohladi, ali ne previše da se ne bi stvrdnula. Onda je u debljem sloju namazati preko venerinog brežuljka i prepona. Jesti lagano usnama i jezikom.

NAJLASCIVNIJI SLATKIŠ

Donoseći smrt, ropstvo i patnje Meksiku, Kortes je prigrabio velika bogatstva španskoj kruni. Međutim, doneo je nešto i običnim smrtnicima, kako ondašnjim, tako i današnjim — zrnevlje i prah biljke kakao. Tako je Evropa početkom XVI veka obogatila svoj izbor slatkiša za još jednu ukusnu sitnicu — kakao prah pomešan sa šećerom u prahu i vodom pio se kao vruća čokolada.

Ono što danas podrazumevamo pod pojmom čokolada, nastalo je tek u XVIII veku, a napravili su je francuski i holandski poslastičari. Bitnu „grešku" gore navedenih poslastičara ispravio je izvesni gospodin Peters iz Švajcarske, jer je kakao prahu dodao puter, mleko i vanilu. Tako je nastala najpoznatija i najomiljenija čokolada na svetu — mlečna čokolada.

Bilo bi preopširno i bespredmetno spominjati ovde makar samo i najvažnije vrste čokolade. Zato ćemo obratiti pažnju na jednu — najskuplju. To je čokolada, ili bolje rečeno čokolade, jer ih ima preko sto vrsta, francuske firme „Difo". Cene tih čokolada su od 50€ pa naviše, a tako astronomskim cenama osim savršenog ukusa i kvaliteta doprinose i zlatni listići koje koristi ovaj konditor.

Vratimo se još malo toploj, zapravo rastopljenoj čokoladi sa početka ovog eseja. Krajem osamdesetih i početkom devedesetih godina XX veka modni kreatori, autori performansa i hepeninga, otkrili su da se topla čokolada može preliti preko nekih delova tela manekenki, koje zatim „obučene" u te prelive kreću na modne piste... Zanimljivo, lascivno i nadasve slatko, slatko.

54

KUGLICE OD SMOKAVA

Potrebne namirnice:
100g smokava, kora od limuna ili pomorandže (po želji), 1 kesica vanilin šećera, malo ruma (po želji), malo šećera.

Način pripremanja:
Smokve očistiti od peteljki i samleti. Nastrugati koru limuna ili pomorandže i izmešati s malo ruma. Iz dobijene mase izdvojiti komade dovoljne da se naprave kuglice i oblikovati ih valjajući ih u dlanovima. Kuglice uvaljati u kristal šećer i posuti ih vanilin šećerom.

Način serviranja:
Kuglice poređati u udubljenju između stisnutih butina od kolena do prepona. Partner može da leži na leđima skupljenih butina, ili da sedi na stolici. Prilikom konzumiranja jezikom, prstima ih vaditi i jesti gore navedenim smerom.

ZAPOSTAVLJENA RAJSKA VOĆKA

Odavno je poznata negativna uloga jabuke u slučaju Adama i Eve. Postoji međutim, i rajska voćka koja je i te kako pomogla prvom čoveku i prvoj ženi, pogotovu u prikrivanju njihove nagosti. Svakako pogađate — to je rajska smokva.

Ona je neopravdano zaobilažena, prećutkivana i istiskivana iz cele te sage o prvom bračnom paru. Taj čuveni smokvin list obilato su prikazivali samo slikari i to na pogrešan način. Smeštali su ga na venerin brežuljak samog, bez igde ičega, kao da levitira ili je prilepljen za polne organe muškarca i žene. Ukorenjenost ove greške je tolika da se ne može ni na koji način očekavati da se ona ispravi.

S druge strane, izbor baš smokvinog lista, a ne nekog drugog, govori nam još o nečemu. Kao što je Eva, doduše pod uticajem đavola preobraženog u zmiju, izabrala jabuku, Adam je izabrao smokvin list da pokrije sebe i svoju družbenicu. Mogao je izabrati i palmin, kruškin ili ko zna koji list, ali nije...

Izbor smokvinog lista govori nam o Adamovoj racionalnosti i nepretencioznosti — zašto ono što je prosečnih dimenzija prekrivati nečim prevelikim.

Od tada je u intimne odnose muškarca i žene uvedena nova erotska disciplina — grickanje smokvinog lista.

55

MINI-DESERT SA VIŠNJAMA

Potrebne namirnice:
5 višanja, 5 suvih grožđica, kafena kašičica ruma.

Način pripremanja:
Iz višanja koje mogu biti sveže ili iz kompota izvaditi koštice. U svaku višnju stavite zrno suvog grožđa.

Način serviranja:
Višnje poprskajte sa malo ruma, a zatim ih rasporedite u ušnu školjku (partnerka leži na boku). Prilikom konzumiranja jezikom ih vadite iz partnerkinog uha.

ŠMINKA

Nastanak šminke, zapravo prvih i primitivnih sredstava za ulepšavanje, vezuje se za period stare egipatske države. O tome svedoče brojne slike na zidovima egipatskih građevina i statuete. Jedna od najlepših žena drevnog Egipta Nefertiti, čije ime i samo u prevodu znači „lepotica je stigla", često i umešno je koristila šminku. To se jasno vidi na statueti s njenim likom koja se očuvala do naših dana.

Po marljivom održavanju lepote svog tela poznata je i rimska carica Pompeja, koja je uobičavala da se kupa u svežem magarećem mleku.

Ipak, najveća „pionirka", inovatorka, ili možda bolje reći šminkerka stare ere, bila je takođe Egipćanka, kraljica Kleopatra. Ona definitivno ništa nije prepuštala slučaju. Zahvaljujući Plutarhu, o ovoj Egipatskoj kraljici postoji obimna dokumentacija, a čak ni Šekspir nije odoleo da ne piše o njoj.

Ona je prva počela da svežinu svoje kože održava svakodnevnim čišćenjem (pilingom). Mazala se i masirala esencijom od mošusa i uljem od susama i maslina, posle čega ju je jedna robinja trljala četkom, praktično skidajući s nje sloj dehidrirane kože. Robinje su joj pomagale i u ulepšavanju tela — o tim metodama Plutarh ne daje detaljnija objašnjenja.

Kleopatra je postala legendarna zahvaljujući ovim metodama ulepšavanja, a uz malo lukavstva i dosta ljubavnog umeća (njeni savremenici su pogotovu isticali njenu izuzetnu veštinu felacije), uspela je da ovlada Cezarom, a kasnije i Markom Antonijem... Pa nek se neko usudi da tvrdi kako šminka nije bitna.

56

BIKINI PALAČINKE

Potrebne namirnice:
125g brašna, 25g vanilinog šećera, 30g rastopljenog maslaca, malo soli, 2 jaja, 2dl hladnog mleka, 1 kašičica ruma (ova masa je dovoljna za 6 velikih palačinki od kojih će nam 3 biti potrebne za recept; ostale 3 možete pojesti kasnije zajedno sa partnerom). Kao fil možemo upotrebiti oko 100g eurokrema, pekmeza raznih vrsta, meda i oraha, i slično.

Način pripremanja:
U brašno ulupati 2 jaja, dodati so, šećer i mleko. Na kraju dodamo rastopljeni maslac i rum. Po potrebi dodati još malo mleka. Najzad, sve to mikserom umutimo u glatku masu. Palačinke pržiti u velikom tiganju, jer manje palačinke kad se presaviju nisu dovoljno velike.

Način serviranja:
Nafilovati tri palačinke, pa ih saviti napola, a onda ih preklopiti da se dobije trouglasti oblik. Dve palačinke staviti na grudi partnerke

koja leži na leđima, a jednu na venerin brežuljak, špicom nadole. Špricom za torte i kremom kojim smo filovali palačinke, izvući pruge po bokovima, preko grudi i do vrata, kao vrpce na pravom bikiniju (ako je krem suviše gust za špric, dodati mu malo mleka).

BIKINI

Za naziv bikini vezuju se bar dve egzotične stvari — odevni predmet i grupa ostrva. Odevni predmet je najegzotičniji deo ženske garderobe, prava letnja „noćna mora" većine muškaraca. Bikinijev prethodnik je bio glomazno veliki jednodelni kupaći kostim, a njegov naslednik je plod maksimalne erotizacije ženskog odevanja na plaži — tanga, ili njena još radikalnija verzija — toples (ili monokini).

Ostrva Bikini iz grupe Maršalskih ostrva u prvoj polovini XX veka bila su egzotična u onoj meri u kojoj netaknuta priroda to može biti. Njihov peh je bio u tome što su bila odabrana za vršenje atomskih proba. Domoroci su prisilno evakuisani, a 1946. američkim hidrogenskim bombama konačno je uništen biljni i životinjski svet.

Osoba koja je ove dve stvari dovela u vezu jednu s drugom bio je francuski modni kreator Luis Rird. On je u momentu modnokreatorske inspiracije u leto 1946. godine makazama presekao jednodelni kupaći kostim i oblikovao ga u dvodelni. Pošto je te godine svet bio upoznat sa zlom sudbinom egzotičnih ostrva, Luis je odlučio da svoju smelu kreaciju nazove bikini. Ova dva parčeta tkanine prve su prihvatile glumice Ester Vilijams, Merilin Monro, Ursula Anders, a onda je postao omiljen i među ostalim smrtnicama. I tako već preko 70 godina bikini, na radost oba pola, odoleva svim modnim hitovima i iskušenjima.

A ostrva? Ostrva su, nažalost, imala manje sreće od svog imenjaka. Još postoje na geografskim kartama, ali ne više kao rajski kutak na Zemlji, već kao deo pakla namerno stvoren ljudskom rukom.

57

SENDVIČ S KRUŠKAMA

Potrebne namirnice:
Pola tegle kompota od krušaka (200-250g), 2 kriške starog hleba (belog), 100g šećera u prahu, 100g mlevenog badema, maslac, pola decilitra belog vina, malo cimeta.

Način pripremanja:
Upalite rernu da se greje. Kriške hleba namažite maslacem, pospite bademom i šećerom pa stavite u rernu da se zapeku. U lončiću zagrejte 4-5 kašika soka od kompota i prokuvajte zajedno s vinom i cimetom. Izvadite hleb iz rerne i čim se kriške malo ohlade stavite na njih kruške iz kompota i prelijte ih prokuvanim sokom i vinom.

Način serviranja:
Sendviče s kruškama stavite poprečno na rebra, tik ispod grudi (partnerka leži na leđima). Prethodno ih zasecite da bi ih mogli jesti usnama bez upotrebe noža.

Svako može da pogreši, dodajući receptu manje ili više nečega nego što je potrebno. Međutim, u slučaju receptura Bordžija (a pogotovu Lukrecije) možemo upotrebiti onu poznatu izreku: „Nije greška već namera".

NIKO KAO BORDŽIJE

Ako se složimo s tvrdnjom E. Fridela da je srednji vek „doba puberteta za čovečanstvo Srednje Evrope i doba hiljadugodišnje psihoze seksualne zrelosti u obliku potisnute seksualnosti", onda možemo lakše da shvatimo „nestašluke" tog puberteta. Ono što je crkva jednima (narodu) zakonom zabranjivala, to je drugima (plemstvu i visokom sveštenstvu) bilo dozvoljeno. Najilustrativniji primer ovoga je incest koji je kod Grka bio nezvanično suzbijan, a kod Rimljana zabranjen i strogo, čak i smrtnom kaznom, kažnjavan.

Iste godine kad je Kolumbo otkrio Ameriku, Rodrigo Bordžija postao je papa Aleksandar VI i božji izaslanik na Zemlji. Nedugo zatim je izdao papsku bulu kojom je priznao da je otac jednog deteta svoje prelepe kćeri Lukrecije. Kasnije je, najverovatnije iz bojazni za svoju reputaciju, drugom bulom porekao to očinstvo, tvrdeći da je otac tog deteta njegov sin Čezare. Čezare je pak, sa svoje strane, bio toliko zaljubljen u sestru, da je golim rukama zadavio njenog drugog muža. Papski hroničar Burhard je u analima, koje istoričari smatraju verodostojnim, opisao papine orgije sa Lukrecijom, Čezareom, i prostitutkama.

Protiv onih koji se iz ma kog razloga nisu slagali sa postupcima Bordžija, ovi su koristili oruđe kojim su u istoriji stekli vrlo visoku i nezavidnu reputaciju — otrov. Usavršavanju i kreiranju novih vrsta tog ubitačnog sredstva najviše je doprinela jedna od najpoznatijih svetskih trovačica — lepa i razbludna Lukrecija.

Dok su Bordžije bludničile i kršile zakone kad god bi to poželele, inkvizicija je širom Evrope spaljivala na hiljade žena i muškaraca, često potpuno nevinih. Javna spaljivanja „veštica" mnogo puta su imala karakter ne toliko borbe protiv tih istih „veštica", već ulogu zastrašivanja naroda i poruke — eto kako završavaju neposlušni i nepokorni.

Pred tako očitim primerima dvostukog morala najčešće ostajemo bez reči... To je još jedan dokaz da su Pravdi kroz istoriju bile, a nije isključeno da će i nadalje biti, ne samo vezane oči, već često i ruke.

# 58

PUDING OD KAČAMAKA

Potrebne namirnice:
½ litra mleka, 3 kašičice šećera, 100g kukuruznog brašna, 3 kockice ratluka.

Način pripremanja:
Kad mleko provri staviti šećer, zatim dodavati kukuruzno brašno mešajući pri tom. Kuvati uz stalno mešanje 10 minuta. Skuvana masa je kašasta i može se lako uliti u duguljastu, ne previše debelu modlu. U modli je ostaviti dok masa ne postane čvrsta i dok se malo ne ohladi (postane mlaka), za to vreme iseći ratluk na male komadiće.

Način serviranja:
Izvaditi puding iz modle i staviti ga uzdužno između grudi (partner leži na leđima). Preko pudinga posuti komadiće iseckanog ratluka. Jesti pre nego što se puding sasvim ohladi.

STOPALO

Deo ženskog tela koji privlači najviše pažnje, pa čak i obožavanja, tj. fetišizma, od strane muškaraca, su grudi. Ipak, delovi tela koji su predmet obožavanja, mogu biti i banalni (naravno, samo u smislu obožavanja), kao što je na primer stopalo.

Veliku pažnju ženskom stopalu pridaje kineska tradicionalna kultura. Što je stopalo bilo manje, to je bilo cenjenije. U cilju obuzdavanja rasta stopala primenjivani su razni zahvati (možda je bolje reći torture) kao što je na primer čvrsto vezivanje zavojima stopala kod devojčica. Opise ovih i sličnih metoda za što manji rast stopala, nalazimo na više mesta u romanima Perl Bak.

Jedan od poznatijih fetišista ženskog stopala bio je Fjodor Mihajlovič Dostojevski. U svom drugom braku, sa svojom dvadeset godina mlađom stenografkinjom, Anom Snitkinom, on je u nekoliko pisama opisao predmet svog obožavanja. Pisma joj je upućivao retkim prilikama kad su na kraće vreme bili razdvojeni. „Klečim pred tobom i tvoja draga stopala ljubim bezbroj puta. Zamišljam te svakog časa i uživam... Kunem ti se da žudim svaki prst na tvojoj nozi da obljubim i videćeš, zasigurno ću svoj naum da ostvarim."

Eto još jednog dokaza da ljubav, odnosno požuda, lako zaslepi i najveće umove. Sva sreća što zaslepljenost obično kratko traje.

59

KOLAČIĆI OD KOKOSA

Potrebne namirnice:
200g kokosovog brašna, 200g šećera u prahu, 4 belanceta, 1 kašika putera.

Način pripremanja:
U duboku posudu staviti belanca, dodati šećer u prahu i kokosovo brašno. Mutiti dok se masa ne ujednači. Upalite rernu i namažite pleh puterom, u njega stavljajte kafenom kašičicom gomilice ove smese. Pecite oko 15 minuta na 125°C. Izvadite kolačiće iz pleha dok su još vrući.

Način serviranja:
Kad se kolači malo prohlade stavite ih (15-20 komada) na zvezdasto raširene noge i ruke vašeg partnera. On može da leži na leđima ili potrbuške.

Da biste tačno izračunali koliki ćete broj kolačića staviti na noge i na ruke, a da količina bude podjednaka, morate se poslužiti naukom koju ljudi uglavnom ne vole — matematikom. Međutim, u tekstu koji sledi, videćete da i nije sve tako crno u vezi s matematikom, ili, bolje rečeno, moglo je da ne bude sve tako crno.

„ZABAVNA MATEMATIKA"

Srednjoškolski udžbenik prošaran erotskim fotografijama edukativne prirode. Izgleda nemoguće, zar ne? Ali i nije baš tako...

Jedan minhenski izdavač, na pitanje kako matematiku učiniti zanimljivom i uzbudljivom, došao je do jednostavnog i efikasnog odgovora. S merom i ukusom između logaritama i jednačina stavio je nekoliko fotografija manje-više neodevene Merilin Monro. Tako je poglavlje udžbenika koje je obrađivalo krive linije, dobilo ilustrativan primer zanosnih „krivulja" M. M.

Udžbenik je postigao veliki uspeh (i velike tiraže) i baš kad se matematika počela sviđati i onim najslabijim učenicima, pojavilo se ono čuveno „ali".

Ovoga puta nije došlo od strane kritičara ili cenzora, već od strane grupe nezadovoljnih učenica jedne gimnazije, u obliku pisma upućenog ministru prosvete. Učenice su bile uvređene kao pripadnice ženskog pola zbog diskriminacije, jer i tela muškaraca su obdarena zanimljivim „krivuljama" koje se takođe mogu pokazati didaktički korisnim. Da bi dokazale svoje stavove, pismo su ilustrovale rečitim crtežom (eh, šta su te žene, ili u ovom slučaju profeministički podmladak, u stanju da urade u borbi protiv diskriminacije).

Kao u svakoj civilizovanoj evropskoj zemlji, izbio je skandal. Ministar doduše nije podneo ostavku, ali je proskribovani udžbenik *Zabavna matematika*, naravno povučen iz prodaje i upotrebe u školama. Ženska brzopletost se i ovog puta nije isplatila... Oni srednjoškolci koji ipak po svaku cenu žele obnažene slike ili crteže u svojim udžbenicima moraće da upišu medicinu, ili slikarstvo, uža specijalnost — akt.

A pedagogija kao nauka, ili je prespavala ovu lekciju, ili je propustila veliku šansu.

60

MORŽ SLATKIŠ

Potrebne namirnice:
50g džema po izboru, 2 manja koluta limuna, 1 banana.

Način pripremanja:
Oljuštite bananu i presecite napola, pa dobijenu polovinu isecite uzdužno.

Način serviranja:
Uzmite mazalicu za tortu i namažite džemom u tankom sloju guzu vaše partnerke, koja leži potrbuške. Pri vrhu namazanog dela simetrično jedno pored drugog stavite kolutove limuna (to će biti „morževe" oči). U donjem delu, prema butinama postavite takođe simetrično „morževe" kljove — banane. Konzumirajte usnama i jezikom od gore ka dole.

Posle konzumacije mnogih recepata iz ovog kuvara, a pogotovu posle ovog

„morža", potrebno je solidno tuširanje. To je dobra prilika da se podsetimo kako su to ljudi činili kroz istoriju.

„KUPATILA, KADE, KUPKE, VODA, MLEKO, MIOMIRISI"...

Čari kupanja i dobrobiti higijene ljudi su otkrili veoma davno. Međutim, otkrili su još nešto: mnogo je intresantnije kupati se u (lepom) društvu nego sam. Shodno tome stari Grci su počeli da otvaraju javna kupatila i koristili su u njima neku vrstu primitivnih tuševa, što je ostalo zabeleženo na njihovim vazama.

Ipak, najveći pobornici kupanja u starom svetu bili su Rimljani. U odnosu na Grke bili su tehnički naprednji zbog čuvenih akvadukata pa se dobar deo gradskog stanovništva mogao brčkati do mile volje. Ali, u svemu tome je bilo najvažnije lepo društvo, pa su kupatila postala prave javne kuće.

Od svih razvratnih rimskih careva, a u toj oblasti konkurencija je bila vrlo jaka, najveći „kupatilski razvratnik" bio je Heliogabal. Prema tvrđenju rimskih istoričara on se uvek kupao s ženama, pa ih je čak mazao tečnošću za skidanje dlaka, kojom je mazao i svoju bradu. Da bi razbio monotoniju, otvorio je i kupatila za muškarce, pa se družio i s njima.

Rimska carica Pompeja imala je sasvim drukčiji ukus: u svojoj kadi se kupala sama, a kada joj je umesto vodom bila napunjena magarećim mlekom, jer je ono poboljšavalo kvalitet njene kože.

Mađarskoj grofici Eržebet Batori ten verovatno nije bio bitan, ali bilo joj je bitno da njena kada bude napunjena svežom ljudskom krvlju. U svrhe svog kupanja usmrtila je oko šest stotina devojaka. Za morbidna dela sledila je morbidna kazna — bila je živa zazidana u svom dvorcu (nju je na filmskom platnu ovekovečila ćerka čuvenog slikara Paloma Pikaso).

Posle ovog istorijskog osvrta, možda je i bolje što je sad poslednja reč tehnike đakuzi, kada koja služi da se relaksiramo i operemo i koja ne krije nikakva iznenađenja u sebi. Ko želi može dodati i morsku so, samo bez ostalih preterivanja.

61

RUM-ŠLAG 69

Potrebne namirnice:
4 jaja, 0.5dl ruma, 6 kašika šećera, 1dl slatke pavlake, 100g različitih slatkiša — komadića keksa, ratluka, želea ili čokoladnih bombona.

Način pripremanja:
Odvojite belanca od žumanaca pa kuvajte na pari žumanca, šećer i rum mešajući dok se ne zgusnu. Odmah zatim umutite mikserom čvrsti šlag od belanaca i pavlake, koji ćete pomešati sa žumancima i šećerom. Na kraju ćete dodati razne slatkiše i promešati kašikom celu masu.

Način serviranja:
U serviranju i konzumiranju ove poslastice poželjno je da učestvuju i partner i partnerka. Potrebno je leći bočno i podići jednu nogu savivši je u kolenu. Na drugu butinu od kolena prema preponama kašikom staviti rum-šlag i ovlaš namazati. Tako isto neka učini i partner, ali neka legne sa kontra strane.

„69"

Najuspešnija imitacija seksualnog odnosa koju je ljudski rod ikad smislio je svakako uzajamna felacija partnera i partnerke. Ovakav odnos uspešno čuva devičanstvo partnerke, a partneru ne uskraćuje maltene ništa u odnosu na klasični seks. Takođe je dobar kada se iz različitih fizioloških ili medicinskih razloga ne može obaviti klasičan snošaj.

Uzajamna felacija, u novije vreme poznata pod nazivom položaj „69", ima svoju dugu i uspešnu tradiciju. Njeni koreni sežu duboko u prošlost, kada još nije bilo mogućnosti da se o njoj ostave pisani tragovi.

Zanimljiv je međutim, zapis u *Kama Sutri* (prethodno moram da napomenem i podsetim da su se stari Indijci potpuno predavali seksualnom činu, koristeći obilato pri tom stimulacije kao što su ujedanje, grebenje, gnječenje i slično), koji spominje jednu raspravu iz oblasti medicine, napisanu pre više od 2.000 godina u kojoj se opisuju rane na penisu nastale od zuba za vreme felacije. Dakle, bez preterivanja, poručuju ondašnji lekari.

U Indiji se položaj „69" nazivao „snošaj vrane" i Vatsjajana, autor *Kama Sutre*, ga odobrava (pošto su indijske religiozne knjige šastre ipak dopuštale ovakav odnos), ali skreće pažnju da „...čovek mora povesti računa da li njemu dolikuje takvo delo i da li mu je ugodno, a tad neka ga vrši ili ne vrši, već kako naiđe prilika".

Šta još dodati posle ovih reči iz *Kama Sutre*? Najbolje da svako postupi po vlastitim sklonostima i nazorima. Samo bez nasilja i grubosti, jer kao što smo videli, još su drevni indijski lekari ustanovili da su rane na polnim organima prilično bolne i ne zarastaju naročito brzo.

62

TANGA

Potrebne namirnice:
150g tankih vrlo dugih rezanaca, 50g putera, 70g mlevenih badema, 50-70g šećera po ukusu, sok od pola pomorandže, 50g prezli, malo soli.

Način pripremanja:
Skuvajte rezance u posoljenoj vodi. Za to vreme propržite bademe na maslacu, dodajte prezle pa pržite još malo. U tu masu umešajte kuvane rezance pazeći pri tom da se suviše ne zgnječe ili iskidaju. Dodajte sok od pomorandže pa rezance podelite na tri jednaka dela.

Način serviranja:
Rezance na tanjiru rasporedite koliko je to moguće po dužini, pa dva dela stavite od kukova prema malom stomaku, tako da se približe jedan drugome iznad venerinog brežuljka. Treći deo rezanaca stavite od malog stomaka nadole između malo razmaknutih butina,

a onda neka vaša partnerka koja leži na leđima malo skupi butine da rezanci ne skliznu dole.

KRALJICA PLAŽA

Ako je verovati istoričarima i proučavaocima mode, posebno Italijanki Miri Parmeđani, prve gaćice ili bar nešto nalik na njih otkrivene su na reljefu koji potiče iz 3600. godine pre nove ere. Time je smokvin list evoluirao i nastavio svoje bitisanje u nešto drukčijem obliku. To što su gaćice u Evropi u novom veku u prvo vreme nosile samo prostitutke, a tek kasnije ih prihvatile i ostale žene, govori u prilog tome da se ništa, pa čak ni ljudska shvatanja, ne razvija linearno i harmonično. Sve ima svoje scile i haribde, uspone i padove.

Pitanje nositi gaćice ili ne, ponovo je aktuelno, bar kada su plaže u pitanju. Plaže su podeljene na pristalice Adama i Eve pre, i pristalice „posle greha". Naravno, postoje i „zlatne" sredine — monokini i tanga, koji zapravo još više ističu ono što pokrivaju.

Međutim, kad se južnoamerička egzotika i vrelina prenesu na tmurna severna prostranstva (Severna Amerika i Evropa) nastaju praktični problemi kojih na brazilskim plažama nema. Krajem XX veka u SAD je napravljena velika anketa u kojoj su učesnice po prvi put nosile tangu tokom celog dana. Minijaturne gaćice su uglavnom pale — na ispitu praktičnosti. Smetale su, žuljale, izazivale osećaj neprijatnosti... Žene koje nisu spremne da na oltar svog seksipila prinesu ni najmanju žrtvu, svakako ne bi trebalo da ih nose.

Tanga će svakako opstati, ako nigde drugde, onda bar u svojoj velikoj, toploj i seksipilnoj domovini — Južnoj Americi.

63

JABUKE S PEKMEZOM

Potrebne namirnice:
1 velika jabuka, 2 kašike pekmeza, malo šećera u prahu, 20-30g putera.

Način pripremanja:
Operite dobro jabuku i uključite rernu, zatim presecite jabuku napola, ne ljušteći je pri tom, očistite je od semenki izdubivši je na tom mestu. Šupljinu ispunite pekmezom, a preko njega stavite komadić putera. Polovine jabuke stavite oblom polovinom nadole u pleh, da sadržaj, odnosno pekmez i puter, ne iscure pri pečenju. Da se jabuka ne bi zalepila predlažem da u pleh stavite peki papir. Jabuka nek se peče oko pola sata u dobro zagrejanoj rerni (250°C).

Način serviranja:
Kad se jabuka malo ohladi, do temperature konzumiranja, uzmite obe polovine i stavite ih ravnom stranom na dojke vaše partnerke koja će pri tom ležati na leđima. U zavisnosti od veličine i oblika dojki i polovina jabuka, pronađite najbolji položaj da se delovi

jabuke ne prevrnu. Pospite prah šećer i pripremite jednu kašičicu koja će vam biti potrebna pri konzumiranju.

Ove jabuke možete servirati takoreći na bilo koje ženske grudi na ovoj planeti, osim na grudi izvesne gospođice Vebi Tukej (sada tih dama ima mnogo, mnogo više). Zašto vam baš ona ne može poslužiti kao partnerka za ovaj, niti za bilo koji drugi recept, pročitajte u sledećem eseju.

VIRTUALNO, VIRTUALNO...

Da li ste možda već negde videli gospođicu Vebi Tukej? Ona je zanosna plavuša koja predstavlja kombinaciju evropske, latinoameričke i azijske žene. Možda ste se mimoišli s njom na pešačkom prelazu?

Ako ste još u dilemi, razrešiću vam je. Gospođicu Tukej možete sresti samo u jednom malo drukčijem svetu — virtualnom.

Vebi je bila manekenka stvorena pomoću kompjutera, a predstavlja delo odseka modne kuće „Elit", nazvanog „Ilužn 2K". Kreirana je da bude savršen saradnik u svetu mode. Ona nikad ne kasni na posao, ne umara se, nema privatan život...

Vebi Tukej može da snima televizijske reklame, prezentuje kreacije modnih kreatora na revijama na Internetu, da se pojavljuje u štampi, televiziji ili na filmu...

Virtualni svet se poput omče steže i davi ovaj naš, realni. Virtualne igre, virtualni ljubavnici, glumci... Virtualna budućnost...

Možda su crne pretpostavke i slutnje više nego osnovane: hoće li jednog, možda ne tako dalekog dana, iko ostati s ove, naše strane ekrana?

64

POMORANDŽA NAPOLITANA

Potrebne namirnice:
1 velika pomorandža, 1 kesica vanilinog šećera, 20g putera, 1 list aluminijumske folije.

Način pripremanja:
Pomorandža treba da bude čvrsta, velika i da ima tanku koru. Oljuštite je, pa pažljivo skinite ostatke bele, donje korice. Polako podelite sve kriške tako da se dole drže zajedno, a da gore budu raširene kao latice cveta. Izvadite iz sredine beli deo. U udubljenje pomorandže stavite pomešan šećer i puter. Ostatkom putera namažite tanko list folije pa zamotajte njome pomorandžu. Uključite rernu i kad se ona zagreje pecite pomorandžu na 180°C oko 20 minuta.

Način serviranja:

Kada se pomorandža malo ohladi odmotajte foliju i skinite je. Partnerka će leći potrbuške a pomorandžu stavite na deo između krsta i početka njene guze. Ako vam bude potrebno prilikom konzumiranja poslužite se kašičicom.

SVE U SVOJE VREME

Nekadašnja prva dama italijanskog filma Sofija Loren, stajanje pred kamerama zamenila je stajanjem pored šporeta. Međutim, za razliku od mnogih drugih domaćica, njeno bavljenje kuhinjom pored ukusnih jela, rezultiralo je i objavljivanjem tri kuvara sa njenim specijalitetima. Time se ona pridružila brojnoj plejadi evropskih umetnika koji su svoju drugu strast pronašli u pripremanju jela. U svojim mlađim i najboljim godinama je glumila, a kuvare piše u srednjim i malo poodmaklim. Zaista dobar primer kako su lepota tela i lucidnost duha vremenski raspoređene — dolaze svako u svoje vreme.

65

PRŽENE — BIKINI BANANE

Potrebne namirnice:
2 banane, 2 jaja, 4 kašike brašna, 4-5 kašika mleka, 1 kašika ruma, prah šećer, malo soli, malo ulja.

Način pripremanja:
Sipajte ulje u tiganj i stavite na šporet da se greje. Oljuštite banane i isecite ih na kolutiće. U pliću činiju razbijte jaja, dodajte so, rum i brašno, pa postepeno razređujte mlekom dok ne dobijete smesu gušću nego za palačinke. U nju umačite kolutiće banane i pržite ih. Kad se isprže stavite ih na salvetu, da se upije višak masnoće.

Način serviranja:
Partnerka će leći na stomak, jer ovaj recept serviramo kao leđni deo bikinija. Od manje gomilice ćete napraviti jedan niz/lančić preko leđa u visini grudi, gde se obično nalaze vrpce gornjeg dela kupaćeg

kostima. Veću gomilicu poređajte trouglasto preko cele guze vaše partnerke. Da li će trougao biti veći ili manji, zavisi od količine materijala i površine koju treba pokriti.

„SEKS NA PLAŽI"

Poslednjih godina XX i prvih godina XXI veka Meksikanci su svojim specijalitetima poput tekile, tortilje i takosa, priključili još jedan, „Seks na plaži" (*Sex on the beach*). Pod geslom „sve za turizam" i „turista uvek mora biti zadovoljan", u primorskom gradu Kankunu, koji je prava Meka uglavnom američkih turista, lansiran je novi koktel.

Što se tiče samog koktela, od njega ima mnogo boljih, ali po tome kako se servira, zaslužuje da se o njemu nešto kaže. Konzumiraju ga obično već pripiti turisti (jer da su trezni, možda bi se malo i nećkali). Muškarcima ga serviraju lokalne devojke koje svojim ustima drže dno čašice napunjene koktelom, pa je zatim izruče u usta muškarcu. Gošćama je serviraju momci držeći plastičnu flašu među kolenima i štrcaju im koktel direktno u otvorena usta.

Ako turistima ne uspe taj hvaljeni seks iz naziva ovog koktela, a posle ovakve mešavine pića šanse za uspeh su vrlo male, sigurno će u vidu utešne nagrade dobiti solidnu glavobolju, kao uspomenu na „ludi" noćni provod.

66

PUNJENA POMORANDŽA — AFRODITA

Potrebne namirnice:
1 velika pomorandža, 20g ušećerenog voća, 50ml ruma ili nekog likera po želji, 2 kašičice šećera u prahu.

Način pripremanja:
Pomorandžu presecite horizontalno napola i obe polovine pažljivo izdubite nožem. Dobijeno meso očistite od bele kožice pa ga još malo iseckajte. Zatim iseckajte ušećereno voće, dodajte rum ili liker pa pomešajte sa komadićima pomorandže. Ovom smesom napunite izdubljene delove pomorandže i stavite u frižider da se malo ohlade.

Način serviranja:
Kada se polovine pomorandže malo ohlade stavite ih na grudi ispod

partnerkinih dojki (koja leži na leđima). Prilikom ovog i tokom cele konzumacije morate paziti da se polovine ne prevrnu, zato nađite najoptimalnije mesto za njihovo postavljanje. Ostatak ruma ili likera poprskajte po grudima oko pomorandže.

AFRODITA I PAMELA

Pre dvadeset i nekoliko vekova u drevnoj Heladi rodila se iz morske pene, na mestu gde je pao Uranov penis, najlepša od svih boginja — Afrodita. Ona je za stare Helene predstavljala uzor fizičke lepote i njihovi vajari nisu žalili truda da je ovekoveče u raznim vrstama kamena.

Kod starih Rimljana boginja menja ime i postaje Venera, ali tip njene lepote kao i kod Helena ostaje maltene savršen i skladan.

Ovde se mora napraviti mala digresija — pošto ni helenski ni rimski vajari boginju nisu videli uživo, nesumnjivo je da su morali koristiti najlepše modele da bi se bar približili savršenoj lepoti.

Tokom dvadesetak vekova pojmovi o lepoti i ukusu su varirali i sve je to bilo shvatljivo i prihvatljivo, dok nije došao momenat u kome skalpel, poput čarobnog štapića iz bajki, sasvim prosečne žene pretvara u lepotice.

Na samom kraju XX veka, pravoj najezdi fabrikovanih lepotica, koje najčešće iz filmskih studija ulaze u snove nezajažljive publike, nekad je prednjačila legendarna gospođa koja se bavila čuvanjem kupača na plaži, a posle nje je naišao poplavni talas drugih lepotica.

Tako je hirurški sto koji je spasao na milione života, postao odar za nešto što je živelo na radost civilizacije više od dva milenijuma — za prirodnu, od Boga datu lepotu.

Ona manje bolna i manje rizična, ali samim tim i kratkotrajnija varijanta ulepšavanja, botoks, zavladao je i dalje vlada u prvim decenijama XXI veka.

67

SUVE SMOKVE U VINU

Potrebne namirnice:
¼ litra crnog, poluslatkog vina, 5 kašika šećera u prahu, malo limunove kore, cimet, 150g suvih smokvi, šećera u prahu po želji, 1 kesica vanilinog šećera.

Način pripremanja:
Smokve operite. Vinu dodajte istu količinu vode i pristavite na vatru. Dodajte šećer, malo narendane limunove kore, prstohvat cimeta i vanilin šećer. Neka vri deset minuta, zatim dodajte smokve i kuvajte pet minuta.

Način serviranja:
Izvadite smokve i stavite da se malo ohlade i ocede. Zatim ih po želji pospite prah šećerom. Izaberite 10 krupnijih smokava i pažljivo ih navucite na prste jedne ruke vaše partnerke, a pet stavite na svoju ruku i kombinovano konzumirajte.

BOLNI STIMULANS

Nokte su nam ostavili u nasledstvo naši više nego davni preci — primati, i danas skoro i da nemamo nikakve koristi od njih.

Žene drukčije razmišljaju o noktima, možda zato što su bliže mačkama od muškaraca, pa se ne ustručavaju prema potrebi i da ogrebu. Još od vremena kada je shvatila da je šminka čini lepšom i poželjnijom, žena je počela da vodi računa i o noktima (farbanje noktiju spominje još Vatsjajana u *Kama Sutri*).

Kao i sve što ima veze sa modom, tako su i nokti trpeli razne radikalne promene. Puštali su ih da slobodno rastu, nemilice sekli, turpijisali, farbali, lakirali itd. Jake boje laka za nokte, čak i ako ne uzbuđuju muškarce, čine ženu primetljivijom za muško oko. Jedinu dokazanu funkciju u seksualnom životu muškarca i žene nokti imaju kada se ponekad u trenucima orgazma zariju u muškarčeva leđa. A muškarci kao muškarci, neki ne vole da osete ženske nokte čak ni na taj način.

Nije na odmet pročitati i sledeću istinitu priču o noktima. Možda nekome može i da koristi.

Sudari tradicionalnih i novih običaja su čest slučaj u čovekovoj svakodnevici. Oni se obično završe spokojno i bez žrtava, osim ako u žrtve ne ubrojimo tradiciju koja se polako gasi i umire pred poplavom novih trendova.

Ipak, ponekad se ti sudari završavaju i fatalnim ishodom. To je bio slučaj sa dvadesetosmogodišnjim mladoženjom iz grada Kazvina u Iranu. On je, prema starom narodnom običaju, za vreme svadbe polizao med s prstiju svoje buduće (nesuđene) žene i pri tom se ugušio jednim od njenih veštačkih noktiju. Tako je stari iranski običaj obostranog lizanja meda s prstiju, da bi mladencima bračni život počeo slatko, završio fatalno za mladoženju, a mlada je doživela šok i pala u nesvest.

Posle ovoga besmisleno je pitati se da li je mladog Iranca ubio tradicionalni običaj ili novi modni hit. Čovek je ionako mrtav... Pouka za preživele bi mogla da glasi: pokušajte da ne pribegavate tradiciji i novitetima istovremeneno.

68

PEČENA DINJA

Potrebne namirnice:
1 mala dinja, činijica sezonskog voća (od raznog sezonskog voća napravite 100-150g voćne salate, sitno iseckavši voće, a zatim ga poprskajte rumom i pošećerite), malo ruma, 1 belance, 50g šećera.

Način pripremanja:
Presecite dinju napola, očistite od semenki, navlažite rumom i stavite u frižider. Voćna salata takođe mora biti hladna. Uključite pećnicu na 200°C. Umutite belance u vrlo čvrst sneg, dodavši mu pri tom šećer. Time pokrijte polovine dinje napunjene voćnom salatom i stavite ih u pećnicu na samo nekoliko minuta da se belance zapeče.

Način serviranja:
Vaša partnerka će sesti na stolicu, podignuti noge, saviti ih u kolenu i odupreti se stopalima o stolicu. Polovine dinja stavite između njenih butina i donjeg dela grudnog koša, tj. ispod dojki. Partnerka treba umereno da stegne butinama dinje, da se ne bi ulubile ili

ispale odatle. Polovine dinja, zajedno sa partnerkom, konzumirajte malom kašičicom, pridržavajući ih pri tom rukom.

Dinja bez sumnje spada u red voća s najlepšim mirisom. Svojstva lepog mirisa i ukusa mogu da se dobro sačuvaju i u obliku voćnog čaja. Ipak, pravi mirisi se svakako ne prave od voća...

MIRISI...

Pariz i dan-danas nosi nekoliko laskavih titula, kao što su prestonica svetlosti, mode itd. U modu svakako treba ubrojati i nebrojene mirise i parfeme koji prate modne kolekcije.

Međutim, postoji još jedna prestonica mirisa u kojoj je drevna tradicija izrade parfema važnija od savremenih tehnoloških dostignuća. To je „miris Istoka" — Oman.

On predstavlja jedinu bliskoistočnu zemlju u kojoj postoje sve prirodne sirovine za proizvodnju parfema na bazi mirte, tamjana, kao i kombinacije drugih mirisa. Cvetovi se kao pre 300-400 godina cede isključivo ručno, a tako se mešaju i mirisne smole. Smola na bazi mirte, inače veoma popularna među lokalnim stanovništvom, pominje se još u *Bibliji* kao jedan od poklona koje je Hristos dobio na rođenju.

Postoje, naravno, i protivnici mirisa i parfema, kako savremenih, tako i drevnih. Za njih je prevashodan miris čistog ljudskog tela. Ali, kao što sam to u ovom kuvaru već nekoliko puta napominjao, ukusi su različiti i postoji ih mnogo, uostalom kao i mirisa.

69

ZAPEČENI GREJPFRUTI

Potrebne namirnice:
2 manja grejpfruta, 2 belanca, 4 kašičice ruma, 2 kašike šećera, 50g šećera u prahu.

Način pripremanja:
Dobro operite i obrišite grejpfrute. Uključite rernu na 200°C. Grejpfrutima odsecite oko jedne trećine gde je peteljka, pa ih izdubite. Meso iseckajte, očistite od belih kožica vrlo pažljivo, jer su vrlo gorke. Pošećerite ga i navlažite rumom, pa ga vratite nazad u izdubljenu koru. Od belanaca napravite sneg, dodajte šećer u prahu, pa time pokrijte grejpfrute. Zapecite ih u rerni oko 10 minuta, da belanca dobiju žućkastu boju.

Način serviranja:
Kada se grejpfruti ohlade toliko da se mogu jesti, stavite ih između rebara i nadlaktice vašeg partnera (on leži potrbuške s malo odmaknutim rukama od tela). Jedan grejpfrut stavite odsečenim

delom prema gore s jedne, a drugi s druge strane. Za konzumiranje ove poslastice trebaće vam jedna kašičica.

Budući da grejpfrut, poput narandže i limuna asocira na suptropsku klimu koja obiluje bojama, mirisima i zvucima, možete pre ovog recepta zamoliti partnera za jedan ples. Koji ples da odaberete? Možda će vam u tome pomoći sledeći esej.

NEKOLIKO REČI O PLESU

Ples je jedna od najstarijih ljudskih aktivnosti. Prvobitni plesovi, odnosno igre proistekli su iz kultnih obreda u kojima je ritmički pokret imao magijski karakter. Ovakav ples je najčešće izvodio pojedinac (plemenski vrač, šaman), a ponekad su uzimali učešće i ostali članovi plemena. Tokom vremena ovakav, uslovno rečeno duhovni ples, artifikovao se i profesionalizovao pa su iz njega nastale igre za gledanje i zabavu.

Drugi osnovni tip igre koji je takođe evoluirao iz prvobitnih ritmičkih pokreta su društvene, nekad nazvane i okretne igre, u kojima nije bilo profesionalizovanih igrača ni gledalaca, već su svi igrali.

Manje-više skriveni, ali uvek prisutni pratilac igre, bio je i erotski momenat. Ustalasana tela u pokretu nisu ostavljala ravnodušnim suprotni pol, ma koliko da je u nekim vremenima i društvenim sredinama bilo nespojivo magijsko i erotsko.

Još u drevnom Egiptu bile su poznate svirače, na žičanom instrumentu koji je daleki predak gitare, koje bi zabavljale odabrano društvo. Stara Grčka je imala Auletride. One su svirale na frulama, plesale i usput prodavale svoju ljubav. Na jednom vijetnamskom reljefu iz X veka, prikazana je prilično obnažena igračica kako zabavlja gledaoce.

Čuveni bliskoistočni trbušni plesovi samo su na korak od modernog striptiza koji se često izvodi uz odabrane muzičke numere.

Ako se malo osvrnemo na društvene (okretne) igre, zaključićemo da element erotskog ni u njima nije nevažan. Počevši od šesnaestovekovnog menueta, koji je možda prva igra u parovima, ali u kojoj su igrači prilično razdvojeni, stvaraju se igre koje sve više približavaju igrače jedno drugom. Preko tanga i valcera, pa do fokstrota, bi-bapa i lambade, igrači igraju telo uz telo, pa čak i više od toga.

Nikako ne smemo prevideti možda najraskošniji i najerotskiji ples XX veka — sambu. Da ne postoje mnogobrojne škole sambe Brazil bi bio mnogo sumornija zemlja, Rio ne bi imao čime, bar kad je ples u pitanju, da se pohvali pred svetom, a i taj naš svet bio bi siromašniji za buktinju plesa i lepote koja svake godine plane za vreme Karnevala.

70

ČUPAVI KOLAČIĆI

Potrebne namirnice:
Ostatak biskvita ili kupovni kolač nalik na biskvit, 3 štangle čokolade, 5-6 kašičica kokosovog brašna, malo mleka.

Način pripremanja:
Otopite čokoladu s malo vode u prilično retku smesu. Kolač isecite na kocke, malo ih navlažite mlekom, prelijte otopljenom čokoladom i uvaljajte u kokosovo brašno. Zatim stavite u frižider da se malo stegnu.

Način serviranja:
Partnerka sedi na stolici skupljenih butina. Kolače ćete razbacati po udubljenju između butina do venerinog brežuljka. Ako vam je ostalo malo mleka u koje ste umakali keks, poprskajte i njega preko butina. Konzumirajte čupavce usnama i jezikom.

Pošto naredni esej govori o krznu, a ono se sastoji od dlaka, mogli bismo se prisetiti narodne poslovice koja je sasvim suprotna onoj latinskoj „Penis bonus pax in domus", a koja glasi: „Rđavom kurcu i dlaka smeta".

KRZNO

Najstariji čovekov odevni predmet bilo je krzno. Još u samo praskozorje civilizacije, pošto je sišavši s drveta izgubio vlastito, pećinski čovek dere krzna raznih životinja i navlači ih na sebe, ne toliko iz želje da pokrije svoju golotinju, već da bi se zaštitio od hladnoće.

Krzno i životinjska koža doživljavaju zatim razne „krojačke" i estetske modifikacije, ali ostaju glavni materijali od kojih se „šije" odeća pa i obuća, sve do pojave zemljoradnje.

Pošto je počeo da uzgaja biljke, naš predak počinje da koristi njihova celulozna vlakna. Krzna se koriste i dalje, ali uglavnom u hladnijim podnebljima. U vreme starog i ranog srednjeg veka krzno počinje da se koristi i kao estetski predmet pri ukrašavanju odeće od drugih materijala.

Da je ostalo na tome, sigurno nikada ne bi bila otkrivena jedna od bitnih osobina krzna. Srećom, došao je XX vek sa svojim revolucijama, među kojima je planetarno najmasovnija bila seksualna revolucija.

Filmske i ostale dive počele su atraktivnim krznima da pokrivaju (zapravo da ističu) svoje draži. Krunu seksipila ponela su krzna od tigra i leoparda. Ali, uvek postoji jedno „ali". Kad su najzad svi bili zadovoljni, počelo je da ponestaje krzna, odnosno životinja sa kojih ih je trebalo skinuti. Svoj glas su zdušno digle sve organizacije i grupe za zaštitu životinja i prirode. Najviše je laknulo ugroženim životinjama, mada su i proizvođači veštačkog krzna u takvim okolnostima videli svoju šansu. Ali... nije to ono... Obožavaoci mogu da se pomire s tim da jedna diva ima silikonske sise, ali da ih prekrije veštačkim krznom, e pa to je, složićete se i sami, već previše.

Možda će krzno jednog dana (ili veka) opet dočekati svoj trenutak; pod uslovom da do tad ne izumru životinje krznašice — ili čovek.

71

OGRLICA OD REZANACA SA ČOKOLADOM

Potrebne namirnice:
100g špageta, 2 štangle čokolade za kuvanje, 1 kafena šoljica mleka (oko 100ml), ulje.

Način pripremanja:
U slanoj vodi skuvati rezance, isprati i ocediti, pa ih kratko propržiti na zagrejanom ulju. Posebno u mleku na blagoj vatri, otopiti čokoladu.

Način serviranja:
Ovu ogrlicu možete servirati toplu ili hladnu. Kad se rezanci samo malo prohlade rasporedite ih u obliku ogrlice od ramena do ramena preko grudi partnerke (ona leži na leđima), pa ih prelijte čokoladom.

Ako pak želite da ih servirate hladne uzmite veći tanjir i rasporedite ih u obliku polukruga i prelijte ih čokoladom. Posle sat vremena izvadite iz frižidera i pažljivo odlepite čokoladni preliv ako se zalepi za tanjir, pa pustite da rezanci samo skliznu (ako se poremete, poravnajte ih kašikom i viljuškom) oko vrata partnerke.

INTIMNI NAKIT

Može se sasvim pouzdano reći da je nakit jedna od slabih tačaka ljudskog roda. Od pamtiveka pa do danas, na svim meridijanima, kite se i žene i muškarci.

U davna, politeistička vremena, prevashodna uloga nakita nije bila toliko da ulepša onoga koji ga nosi, koliko da ga zaštiti. Tako su amajlije i amuleti bili preporučivani od strane šamana, vračeva i drugih plemenskih lidera, čija je obaveza bila da komuniciraju sa svetom bogova i duhova.

Pojavom četiri velike monoteističke religije i njihovim razvojem, amajlije delimično gube svoje osnovno značenje i počinje da se vodi briga i o njihovoj dekorativnoj vrednosti. Zahvaljujući tome, od ranog srednjeg veka pa do naših dana, zlatari su svoje umeće i filigrantnost razvili do zavidne perfekcije.

Onda je, krajem osamdesetih godina XX veka, došlo do novog modnog trenda — pojave erotskog ili intimnog nakita. Diskutabilno je koliko je ta novina zaista nova, jer je pupak kod žena, pogotovu kod plesačica trbušnog plesa, bio ukrašavan još od srednjeg veka pa naovamo, a amplang koji se koristi da bi stimulisao ženu za vreme snošaja, ima donekle i funkciju intimnog nakita.

Kako bilo da bilo ljubitelji ovakve vrste ukrašavanja tela mogu da biraju minđuše za velike ili male usne, bradavice, kožicu penisa, zatim amplange za penis, bradavice i niz drugih zlatnih i srebrnih sitnica. Za ljubitelje koji nemaju u sebi ni trunku mazohizma, postoji mogućnost razgledanja kataloga.

A kad i jedne i druge prođe želja za tim?... O tome ne treba brinuti, biće moderno nešto drugo, jer moda nikad ne miruje.

72

MAKARONI U ČOKOLAD-KREMU

Potrebne namirnice:
100g makarona, 50g čokolade za kuvanje, 100ml mleka, 1 kesica vanilin šećera, 1 kašika šlaga, malo maslaca.

Način pripremanja:
Izlomiti čokoladu na komadiće pa je otopiti na umerenoj vatri sa mlekom i šećerom i mešati da se ne stvore grudvice. Zatim skloniti i pažljivo umešati šlag i maslac da se masa sjedini. Obariti makarone i ocediti ih.

Način serviranja:
Makarone stavite partnerki na grudni koš (ona leži na leđima), iznad dojki, i formirajte ih koliko je moguće u obliku srca. Zatim ih prelijte sa toplim čokolad-kremom. Konzumirajte pažljivo viljuškom, a pri kraju usnama i jezikom.

MAESTRO I ANTOANETA

Nije ništa čudno da neki film iz osnova promeni život glumca ili glumice. Međutim, kada su naturščici u pitanju to je zaista presedan. A presedanima je bio sklon i maestro Felini, čim je za jednu od epizodnih, ali i te kako upamćenih uloga prodavačice cigareta, odabrao Mariju Antonetu Beluči.

Naravno, reč je o antologijskom *Amarkordu* u kome je vrvelo od grandioznosti, ali pokazalo se da su sise dotične gospođe Beluči bez premca najgrandioznije. To su bile ako ne najlepše, onda svakako najveće i najupečatljivije evropske filmske sise druge polovine XX veka.

Gospođa Beluči je dobila preko 200 pisama sa bračnim ponudama. Da li je neku od njih prihvatila, nije mi poznato.

73

FRANCUSKA PITA S JAGODAMA À LA MARQUISE

Potrebne namirnice:
30g brašna, 80g šećera u prahu, 3dl mleka, 2 jaja, 2 zemičke, 100g jagoda.

Način pripremanja:
Jaja penasto umutiti sa šećerom. Dodati brašno i uz mešanje polako dolivati hladno mleko. Zemičke iseći na tanke režnjeve, poređati ih u vatrostalnu činiju i preko njih rasporediti jagode. Preliti mešavinom mleka i jaja i peći u umereno zagrejanoj pećnici (180°C) 20 minuta.

Način serviranja:
Čim se pita malo ohladi pažljivo isecite parčiće u obliku elipsi

„poljupčića". Rasporedite ih na partnerkina ramena, grudni koš i grudi. Za to vreme ona će ležati na leđima.

NAJGORI LJUDI NA SVETU

Sticajem okolnosti dvojica čuvenih svetskih perverznjaka čije su sklonosti imenovane njihovim prezimenima i po tome ostale upamćene, bili su književnici.

Posredi je bez sumnje istorijska nepravda, koja pogotovu pogađa austrijskog grofa Fon Mazoha, jer je on za života napisao čak oko 90 uglavnom erotskih knjiga, koje su zbog seksualnih nastranosti, kasnije nazvanih mazohizam, bile odveć šokantne za svoje vreme. Iako govore o mogućim oblicima ljudskog ponašanja i karakterima, makar i nastranim, svojih junaka, istorija književnosti ih, uglavnom, osim opštih napomena, elegantno zaobilazi. Fon Mazoh se ne spominje čak ni kao plodan erotski pisac. On je međutim, iscrpno zabeležen u istoriji, odnosno patologiji seksualnosti, po svojim nastranim sklonostima u privatnom životu. Trud i vreme uloženo u pisanje 90 romana, pa makar njihov kvalitet bio i nezadovoljavajući, svakako zaslužuje više od toga.

Poznati Francuz markiz De Sad je, u neku ruku, imao više sreće, ako delimičan pokušaj ispravljanja istorijske nepravde možemo nazvati srećom. Njegova dela se povremeno štampaju, ali još važnija od toga je činjenica da se ona danas analiziraju i tumače u drukčijem kontekstu, iz čega proizilazi i markizov filozofski i politički angažman. Niko nije mogao isključivo zbog propagiranja sadizma da provede skoro 30 godina u tamnici i to još za vreme vladavine tri međusobno veoma različita režima — režima Luja XVI, Robespjera i Napoleona. Zar je moguće da je svoj trojici smetao nastrani i pohotni (kao da je u istoriji bilo malo takvih vladara i crkvenih velikodostojnika, ostale da i ne spominjem) pisac?

Gorepomenutim vlastodršcima je smetala antipolitička i

antireligiozna markizova strana, a njegov privatni život je bio samo izgovor da se satanizuje i skloni od očiju javnosti. De Sad je zapravo kritikovao državu i religiju kao instrument terora grupe na vlasti nad građanima države. Podrobnijom analizom, istoričari književnosti i književni kritičari došli su do zaključka da je najubojitije markizovo oruđe bila višeslojnost njegovih književnih dela. Gornji, fabularni sloj, imao je ulogu da svojim erotsko-pornografskim sadržajem privuče što više čitalaca i da istovremeno zamaskira dublje političko-filozofske slojeve, u kojima su se krile prave De Sadove spoznaje.

Počevši još od Ovidija, pa preko svih proskribovanih slugu pera i reči, preko *Index librorum prohibitorum* kojih je bilo u svim epohama, možemo doći do zaključka, da nije daleko od istine, bar sa stanovišta onih koji su vladali i pisali istorije, da su baš pisci — „najgori ljudi na svetu".

74

TORTILETE SA ANANASOM

Potrebne namirnice:
7 tortileta (kupovni okrugli keks), 7 kolutova ananasa iz konzerve, 7 trešanja očišćenih od koštica, malo mleka.

Način pripremanja:
Tortilete vrlo kratko (5-6 sekundi) stavimo u toplo mleko da malo odmeknu, ali ne mnogo, tako da se mogu prenositi, pa na njih stavimo kolutove ananasa, a u sredinu tortileta i ananasa stavimo trešnju.

Način serviranja:
Pljosnatom lopaticom za torte prenećemo tortilete s ananasom i rasporediti ih tako (partnerka leži na leđima skupljenih nogu) što ćemo jednu tortiletu staviti na venerin breg, dve na kukove i dve na stomak sa leve i desne strane pupka.

NEOBIČNA KNJIGA

Krajem sedamdesetih godina XX veka jedan mladi i relativno nepoznati engleski pesnik (a nekoliko decenija kasnije takođe je ostao nepoznat), došao je na originalnu ideju kako da poveća tiraž svoje knjige ljubavnih pesama. Umesto u klasične korice, knjiga je ukoričena u neku vrstu keksa. Kojeg li uživanja grickati keksane korice i čitati poeziju!

Nažalost, knjiga nije postala bestseler, niti se pesnik naročito proslavio. Međutim, možemo zaista da žalimo što ova ideja nije naišla na široku primenu. Istok Evrope, koji je tih decenija bio prilično siromašan, a pri tom bogat knjigama, bio bi malo manje siromašan i manje željan keksa.

Verujem da bi svako, bar jednom u životu, došao u iskušenje da malo gricne koricu svoje knjige. Ovo bi bio i dobar podsticaj za nepismene, da najzad počnu svoje druženje s knjigom.

75

KUGLICE OD KESTENA

Potrebne namirnice:
200g oljuštenog kestenja, 30g šećera, 1 kesica vanilin šećera, 200ml mleka, 1 žumance, malo džema od kajsija, malo maslaca.

Način pripremanja:
Oljuštene kestene skuvamo u mleku kome smo dodali vanilin šećer. Zatim kestene ispasiramo, dodamo maslac, šećer i žumance, izmešamo, masu osušimo na toploj ringli i pustimo da se ohladi. Od mase oblikujemo kuglice veličine oraha i pržimo ih u vrućem ulju. Pre serviranja na svaku kuglicu stavimo kašičicom malo džema.

Način serviranja:
Partnerka leži na leđima i ima prekrštene ruke ispod grudi. Kuglice od kestenja poredati između njenih nadlaktica i grudi, podlaktica i stomaka, i nadlaktica i grudi s druge strane, dakle u obliku latiničnog slova „u". Konzumirati usnama i jezikom.

Kesteni nas podsećaju na dolazak jeseni. Leto je prošlo a s njim i bakarni (da ne kažem kestenjasti) ten oskudno odevenih lepotica za kojima smo bacali čežnjive poglede. A da li je baš tako? Nije, jer solarijumi rade preko cele godine, a osim solarijuma postoji i nešto što se može nazvati:

INSTANT LEPOTA

Šta je lepše, pogotovu leti, od preplanulih ženskih nogu ili dubokog, izazovnog dekoltea čiji se sadržaj odlikuje bakarnom bojom?

Međutim, pošto je čovek neke segmente prirode doveo u priličan disbalans, ni sunčanje nije što je nekad bilo. Da ne bi opterećivale svoje lepe glave problemom ozonskih rupa, vlasnice preplanulih tela svoju bakarnu boju najčešće stiču u solarijumima.

Ipak, nauka i tehnologija kao da ponekad požele da poprave ono što su narušile, pogotovu ako izumitelji vide da se tu može dobro zaraditi. I eto, kakvo sunce, kakvi solarijumi... Sise i butine lepe bakarne boje mogu se dobiti samo s jednom kesicom boje za kožu. Ko želi da izgleda kao da se sunčao na nudističkoj plaži, mora upotrebiti dve kesice. Instant lepota... Brzo i efikasno...

Održavanje preplanulog tela ima samo jednu ozbiljnu manu — vlasnica bakarne kože mora obratiti pažnju na vremensku prognozu, inače joj se može desiti da usred nekog jakog letnjeg pljuska pobeli — ali ne samo od muke.

76

PALAČINKE „SRCE"

Potrebne namirnice:
Za palačinke: 125g brašna, 30g putera, 2 jaja, 2dl hladnog mleka, 1 kašičica ruma, malo soli. Za fil: 100g eurokrema za središnji deo, 1 kesica šlaga, 100g hladnog mleka, nekoliko kolutova ananasa, 5-6 badema.

Način pripremanja:
Od dobijene smese za palačinke ispržimo 6 većih palačinki i kad se malo ohlade nafilujemo ih eurokremom i zavijemo u rolnu. Zatim umutimo šlag i mleko dok ne dobijemo čvrstu smesu. Smesi ćemo dodati ananas isečen na komadiće i bademe isečene sitno na listiće.

Način serviranja:
Palačinke poredati u obliku srca od ispod grudi (partnerka leži na leđima), pa preko stomaka do malog stomaka, i to dve za gornji deo, dve za srednji i dve za donji deo srca. Pri tom paziti da se palačinke koje čine srednji deo ne otkotrljaju sa partnerkinog stomaka. Šlag

staviti u sredinu „srca" i oblikovati ga poluloptasto. Konzumirati kašičicom i usnama, i svakako dajte deo partnerki.

PORNOGRAFIJA U MEDIJIMA

Ako prenebregnemo pornografske slike na vazama, ornamente i golicave reljefe drevnih civilizacija, nastanak „savremene" pornografije možemo vezati za nagli razvoj fotografije i pojavu obilja različitih časopisa u drugoj polovini XX veka.

Pornografiji nije trebalo mnogo da od zabranjenih fotografija postane veliki svetski biznis. Ima je u svim elektronskim medijima, gde je najčešće srećemo zaogrnutu plaštom „soft" erotike (ali naravno da se zna šta se krije ispod).

Pornografija svakako nije zaobišla ni film. Naprotiv, tu je i te kako pustila korenje. Evo jednog od brojnih primera. 2000. godine u Kanu je održan IX festival porno filma. Međutim, više no same projekcije, mušku vremešnu publiku, među kojima je najviše bilo penzionera, privukla je revija sa svlačenjem — naravno erotskih diva.

Porno zvezdama je bilo dozvoljeno samo obično svlačenje. Strogo je bilo zabranjeno jako širenje nogu i dodirivanje genitalija, što je i sasvim razumljivo. Ljudima u godinama ionako ne treba previše uzbuđenja, jer infarkt očas može da kod užagrenog posmatrača izazove efekat „slatke smrti".

77

POHOVANI ANANAS

Potrebne namirnice:
2 veća koluta ananasa, 2 mandarine, 1 jaje, malo brašna, malo vašeg omiljenog likera.

Način pripremanja:
Kolutove ananasa staviti na krpu ili salvetu da se ocede, zatim ih uvaljati prvo u brašno, pa u jaje, pa opet u brašno. Pržiti ih u tiganju na vrelom ulju nekoliko minuta. Mandarine oljuštiti i podeliti na kriške.

Način serviranja:
Kolutove ananasa staviti na partnerkine dojke (ona leži na leđima), tako što će vrh bradavice proći kroz otvor na kolutu ananasa. Ako pri tom zasmeta pohovana masa, odstranite je sa tog otvora. Preko koluta ananasa u krug poređajte kriške mandarina i sve zajedno prelijte likerom.

PRVA STRIPTIZETA

Nije teško ustanoviti da je čovek svoje bitisanje započeo oblačenjem. Budući da su bili prognani iz raja, Adam i Eva su se prvo obukli, pa nastavili svoj put. Obukli su se iz dva razloga. Pojevši zabranjeno voće, kod njih se pojavio osećaj stida. Drugi razlog je bio čisto praktične prirode — na Zemlji nije bilo rajske toplote i anđeoske klime.

Međutim, pošto čovek ne voli konačna rešenja, a pri tom je i radoznao, izmislio je i svlačenje. Ponekad je to bila suštinska potreba, a ponekad je svlačenje uzdigao na pijedestal umetnosti.

Prvo umetničko svlačenje o kome postoji zapis je Salomina igra sedam velova. Ne postoje informacije na kojim delovima tela su se ti velovi nalazili, niti kojim redosledom ih je skidala. Možemo samo pretpostaviti da je počela od ramena i grudi, pa je svoju nagost spustila naniže. Znamo šta je Saloma htela i šta je dobila skidanjem i poslednjeg vela. Ono što ni ona sigurno nije pretpostavljala je to — da je postala prva striptizeta u ljudskoj istoriji.

78

POMORANDŽE-LAĐICE

Potrebne namirnice:
8 velikih kriški pomorandže bez semenki, 8 kolutova banane, malo brašna, 1 jaje, 1 kašika šeri brendija, malo ulja.

Način pripremanja:
Oljuštiti pomorandže, podeliti ih na kriške i proveriti da nemaju semenke. Kriške uvaljati u brašno, pa u jaje, a zatim opet u brašno, i isprzíti ih u tiganju. Srednji deo banane iseći na 8 kolutova.

Način serviranja:
Partnerka leži na stomaku. Na njena krsta, i po jedan na svaku polovinu guze, staviti kolutić banane, a na kolutiće staviti kriške pomorandže. Svaku krišku preliti sa malo šerija. Konzumirati usnama i jezikom.

LJUBAVNA PROSTIRKA

Pre ili kasnije kod svih seksualnih partnera seks postane rutina — a onda treba nešto menjati. Ako već ne možemo da promenimo partnera ili partnerku — promenimo podlogu.

Krevet je svakako najverniji „saveznik" svih ljubavnika, ali ljubavni parovi već više hiljada godina koriste i mnoge druge podloge ili prostirke.

Suvarnanabaha, tvorac spisa koji su prethodili *Kama Sutri*, hvali snošaj u vodi, jer se u njoj mogu postići izvesni pokreti i položaji tela koji „na suvom" teže polaze za rukom. Lakša varijanta „vodenog" seksa bila bi vođenje ljubavi u plovnim objektima — od čamca, lađe do prekookeanskog broda. Pri tom ne morate plivati, a talasi ipak „rade za vas".

Za razliku od ovoga, kao dostignuće XXI veka mogao bi da bude preporučen seks u bestežinskom stanju. Međutim, mislim da će u dogledno vreme ipak mali broj ljudi i žena biti u prilici da to isproba.

Nama ostalima, između vode i zemljine orbite, ostaje još nebrojeno mnogo ljubavnih prostirki. Na primer — seno. Starinsko, romantično i mirisno. Jedna poslovica nam razotkriva i „afrodizijački" aspekt te prostirke: „Ljubavnicima i konjima seno drukčije miriše".

Ne smemo zaboraviti ni pesak. Šum morskih talasa, krici galebova i ljubavnih parova... Posle svega, samo oblici tela u pesku... Kopnena varijanta ljubavne prostirke bila bi rascvetana livada usred leta, a nešto sramežljiviji parovi mogli bi potražiti šipražje, po mogućnosti s mahovinom — da se partnerkina guza ne nažulja.

Bitna je promena, ideja, invencija... Sve dok to imamo nismo mrtvi za seks, niti je on mrtav za nas.

79

„VRUĆE PANTALONICE"

Potrebne namirnice:
1 šlag neutralnog ukusa, 1dl hladnog mleka, 50g jagoda ili malina (mogu i zamrznute), malo kupovne smese kakao krema za torte ili rastopljene čokolade, šećera za šlag po želji.

Način pripremanja:
Umutiti mikserom šlag i mleko pa tome dodati šećer po želji, a zatim jagode (ili maline). U špric za torte napunite 20-30g kakao krema ili otopljene čokolade (ako je suviše gusto dodati malo mleka).

Način serviranja:
Dok partnerka stoji, mazalicom za torte nanesemo sloj debljine oko centimetar preko gornje polovine njenih butina, venerinog brega, kukova i guze, tako da formiramo oblik „vrućih pantalonica". Na ivicama premaza, kod butina i iznad malog stomaka, a na leđima ispod krsta, špricom za torte iscrtamo jednu debelu liniju — obod pantalonica. Konzumirati jezikom.

VARVARI PRED VRATIMA

Varvari! Varvari! Taj uzvik pun straha i očaja iz temelja je uzdrmao mnoge države i carstva. Poput vremenske nepogode, silni i nepredvidivi, varvari su uništili mnoge vrednosti koje su vekovima stvarane.

Kako su se vremena menjala, menjali su se i narodi koji su na evropskoj istorijskoj sceni dobijali ulogu varvara. Za stari Rim, varvari su bili svi oni koji su bili van granica njihove carevine: Germani, Briti, Gali, Sloveni. Kad su se na razvalinama Rimskog carstva formirale nove države, one su dobile svoje varvare: Hune, Avare itd.

Ako postavimo pitanje da li su nam varvari doneli i nešto dobro, dobićemo pomalo iznenađujući odgovor: varvari su uticali na način odevanja Evropljana, tako što su naši preci od njih prihvatili običaj da umesto tunika i sličnih odevnih predmeta nose pantalone.

A gde su u svemu tome vruće pantalonice, upitaće neko. E, pa, uzvraćam ja, za to je odgovorna vruća mediteranska klima, žestoki temperament žena i erotizovani modni kreatori. Sve je to uticalo da pantalone budu sve kraće i kraće, sve do zaobljenih ženskih guzica... Pa kad pritisnu mediteranske vrućine, žene rashlađuju svoje duge noge, a muškarce spopada još veća vrućina od tog prizora...

Leta bi zaista bila monotona da ne beše tih varvara.

80

DOMAĆI SLADOLED

Potrebne namirnice:
2 jaja, 200g šećera, 1 šlag (neutralnog ukusa, ili od čokolade, jagode ili nečeg drugog po želji), mleko za šlag, 4 keksa kvadratnog ili pravougaonog oblika, takođe po želji možete nastrugati malo čokolade, ali tek kad ga servirate.

Način pripremanja:
Mikserom umutite belanca sa šećerom, a posle dodajte i žumanca. Mutite oko 5 minuta. Zatim umutite šlag sa mlekom i dodajte u napravljenu masu, muteći prilikom dodavanja. Sladoled stavite u odgovarajuću posudu i stavite ga u friz da odstoji bar dva sata.

Način serviranja:
Partnerka leži na leđima. Dva keksa stavite ispod njenih grudi, a dva levo i desno od pupka. Specijalnom kašikom za sladoled (ili malom plastičnom kutlačom) iz posude u koju ste stavili sladoled izvadite četiri polulopte sladoleda (pazite, one ne smeju biti veće od površine

keksa na koji ih stavljate). Konzumirajte zajedno sa partnerkom jezikom i kašičicom.

SEKSILED

Poslastičari iz nekih evropskih zemalja dokazali su svoje erotske invencije još osamdesetih godina XX veka otvaranjem erotskih pekara i poslastičarnica, a trend se nastavio i u XXI veku.
Međutim, ideje su im izgleda presušile kada je sladoled u pitanju. Zato, evo im jedne. Zašto najslađe i najhladnije osveženje tokom celog leta ne bi bio — seksiled. Uz pomoć različitih modli može mu se dati bilo koji uzbuđujući oblik...
Ali (uvek to čuveno i neizbežno „ali")... Zar ne mislite da je suviše provokativno da jedna prekrasna plavuša nasred ulice liže veliki ledeni penis. Čak i da plavuša ne bude baš lepa, a sladoled u obliku penisa ne bude veliki, provokativnost je ipak preterana. Zbog toga bi u poslastičarnicama trebalo napraviti posebne separee za konzumaciju ovakvog sladoleda. Ili ga treba raznositi na poziv po kućama, kao što je to uobičajeno sa picama. Pri tom raznosači i raznosačice obavezno moraju biti lepi, inače se može desiti da kupac izgubi apetit i želju za rashlađivanjem.

81

PUNJENI GREJPFRUT

Potrebne namirnice:
1 veći grejpfrut, 1 kolut ananasa, 2 kriške mandarine, 4 višnje (može i iz kompota), 1 čašica (30ml) kvalitetnijeg ruma.

Način pripremanja:
Odseći gornji deo grejpfruta (na visini od otprilike dve trećine). Tako dobijenu ravnu površinu izdubiti poluloptasto, ali ne duboko u grejp, nego toliko da dobijemo zapreminu u koju bi mogla stati otprilike polovina osrednje jabuke. Ananas i kriške mandarine iseći na manje komade, a višnjama izvaditi koštice. Sve to staviti u udubljenje grejpa i zaliti rumom. Staviti u frižider da se ohladi oko pola sata.

Način serviranja:
Partnerka legne na leđa i raširi butine toliko da možemo staviti grejp u udubljenje ispod samog venerinog brega. Grejpfrut ne

stezati suviše butinama. Konzumirati jezikom i kašičicom, a rum po želji možete popiti i cevčicom.

Kada vam čula posle konzumiranja ovog recepta proključaju kao lava, bićete spremni za sledeći tekst.

VULKAN

Na zemaljskoj kugli postoji mnogo ugašenih vulkana i mali broj aktivnih vulkana. Ipak, samo jedan se aktivira uvek u isto vreme — karneval u Rio de Žaneiru. Ovaj urnebes koji traje 5-6 dana i noći ne može se nazvati drukčije do erotski vulkan, jer predstavlja najveću koncentraciju lepote, igre i strasti na planeti.

Kao što je san ostarelih Amerikanaca da posete Evropu, muslimana da odu u Meku, tako je i karneval u Riu san, najčešće neostvariv, većeg dela muške populacije na planeti.

Retki srećnici koji uspeju da ostvare svoj san, za čije ostvarivanje je potrebna prilična suma novca, rizikuju bar dve stvari: da budu pokradeni, jer u toj opštoj gužvi golih sisa, muzike i plesa svoj zanat marljivo upražnjavaju i domaći džeparoši, ili što je još gore, da dožive infarkt od raznih preterivanja, kao što su mnogo igre, mnogo gledanja okolo (što podiže krvni pritisak) ili mnogo seksa...

Ophrvani željama i strašću najčešće zaboravljamo jednu stvar: tamnopute Brazilke i Brazilci za ovaj karneval vežbaju u školama sambe (a možda i u svojim krevetima) dobar deo godine, dok turisti dolaze užagrenih očiju i nespremni, jednom rečju — grlom u jagode.

82

PIJANI ŠLAG

Potrebne namirnice:
1 šlag neutralnog ukusa, 1dl mleka, 2 kašike ruma, nekoliko komada ili kriški sezonskog voća (jagoda, trešanja, maline, kriške pomorandže, jabuke i slično).

Način pripremanja:
Mikserom umutiti šlag i mleko (dodati šećera po želji), dodati 2 supene kašike ruma. Voće oprati, a ako je veće iseći ga na kriške.

Način serviranja:
Dobijenom masom šlaga i ruma napuniti špric za torte (partner leži na leđima), pa na njegovom stomaku nacrtati bokastu čašu za konjak. Unutar ivica čaše ušpricati šlag. U donjem delu takve „čaše" poređati voće, pazeći da ne prelazi ivicu čaše. Konzumirati jezikom.

PLIVAJUĆA MENAŽERIJA

Čovek od najdrevnijih vremena na svim kontinentima pravi različite vrste domaćih žestokih pića. Takva pića se mogu napraviti od svih vrsta voća, povrća i žitarica, pa čak i od kaktusa. Da bi se promenio ili poboljšao ukus, žestokim pićima se dodaju različiti plodovi, bobice i trave. Tako dobijamo višnjevače, kruškovače (vilijamovke), travarice i druga aromatična pića.

Međutim, pošto su ukusi, podneblja i ljudske navike međusobno veoma različite, ne treba da nas čude žestoka pića koja bi se u Evropi smatrala neuobičajenim, da ne kažem ekstremnim. Tako se u neke rakije sa Dalekog istoka, na primer kod Kineza, stavljaju male zmije (što sam bio u prilici da lično probam, ali priliku nisam iskoristio, jer mi želudac nije bio dovoljno spreman za to).

Na drugoj strani zemljine kugle, u Meksiku, u gore već pomenutu rakiju od kaktusa, koja se za razliku od industrijske tekile zove domaći maskal, stavlja se crv na dno flaše. Crv daje piću dobar ukus i aromu (tako bar tvrde Meksikanci), a kada se flaša iskapi crva treba podeliti i u slast ga pojesti sa osobom koju volite.

Ovaj neobični afrodizijak (pod pretpostavkom da on jeste ono što lokalno stanovništvo za njega tvrdi) preporučio bih samo u dva slučaja: ili kad ste sasvim pijani, ili pod uslovom da niste nimalo gadljivi.

Ako ne ispunjavate bar jedan od ta dva uslova, budite pametni i ne zavirujte suviše u dno flaše sa maskalom.

83

SLATKA KECELJA OD TESTA

Potrebne namirnice:
Za palačinke: 125g brašna, 2dl hladnog mleka, 2 jaja, 30g putera, 1 kašičica šeri brendija (ili drugog likera po želji). Za fil: 100g eurokrema ili džema po vašem izboru.

Način pripremanja:
Od gore navedenih namirnica napravimo testo za palačinke. Za pravljenje palačinki treba da uzmemo veći tiganj, da bismo dobili palačinke koje imaju bar 20cm u prečniku. Isprzićemo 3 takve velike palačinke, nožem naneti fil na njihovu celu površinu, i presaviti ih napola.

Način serviranja:
Partnerka stoji. Oko struka će vezati čist lastiš i pomoći partneru

da stavi palačinke tako što će raširiti lastiš. Palačinke staviti na oba kuka i venerin breg. Konzumirati usnama i zubima.

KECELJE, ALI HOTENTOTSKE

Crnci su prirodno obdareni nešto dužim penisima od belaca. To je naučno dokazano i protiv toga se ništa ne može, osim ako neki belac od muke — ne pozeleni.

Manje je poznato, ali takođe istinito i naučno verifikovano, da su crnkinje obdarenije od belih žena. Ipak, njihova prirodna obdarenost se ne ogleda u dužini, zapravo dubini vagine, kako bi to laici očekivali. One imaju prosečno nešto duže klitorise i mnogo razvijenije male usne nego belkinje.

Na tome bi ovo poređenje moglo i da se završi, da način ponašanja i tradicija nisu uzeli stvar u svoje ruke. Još od rane mladosti Bušmanke, a pogotovu Totenhotkinje odaju se onanističkoj navici da postojano izvlače i tegle male usne, a ponekad o njih obese čak i male tegove (ovo se očigledno uklapa u norme ponašanja, jer inače bi im majke to odavno zabranile). I tako, iz nama neshvatljive erotske, mada i estetske pobude, da ono što baš i nije malo postane još veće, one od malih usana naprave kožaste nabore u vidu traka koje se spuštaju između nogu, niz butine. Tako istegljene mogu da dostignu dužinu od 15 do 18 centimetara. Takve male usne zovu se hotentotske kecelje.

Da li ovakve „keceljice" imaju i neku konkretnu, upotrebnu vrenost (osim što se sigurno sviđaju muškarcima iz ovog plemena), naučno nije dokazano. I ovoga puta, najtačniju ocenu svega ovoga daće čuvena latinska poslovica: *De gustibus non est disputandum.*

84

CVETOVI OD MANDARINE

Potrebne namirnice:
2 mandarine, 4 kašičice likera od kokosa i bele čokolade, 4 višnje (može i iz kompota).

Način pripremanja:
Mandarine iseći napola po širini, a polovine mandarina iseći zupčasto (kao latice cveta), od kore ka sredini. Tako dobijamo četiri „cveta". Zatim te „cvetove" malo otvoriti ali oprezno da se polovine mandarina ne rascepe. U njihovo središte staviti višnje.

Način serviranja:
Partnerka leži na leđima, ruku priljubljenih uz telo i dlanova okrenutih na gore. Jedan „cvet" ćemo staviti između njenih dojki, jedan na pupak, a dva na dlanove. Zatim ćemo preko svakog cveta preliti kašičicu gore navedenog likera. Konzumirati usnama i zubima.

DELIĆ PRIRODE

Svakodnevno smo u prilici da se divimo naizgled beskrajnom nizu oblika i modaliteta koje stvara priroda. Tek kad počnemo ozbiljnije da analiziramo, uvidimo da niz oblika i nije tako beskrajan kao što nam se čini. Dolazimo do zaključka da se priroda ponavlja, ali to čini samo onda kada nađe optimalno rešenje za nešto, ili pak, ide korak-dva ka usavršavanju. Na sledećem primeru ćemo analizirati kako usavršavanje oblika života zahteva i usavršavanje različitih delova tih bića. Za primer ćemo uzeti ženke sisara. Njihove dojke su mnogobrojne, male, sa duguljastim bradavicama (na primer kod pasa), dok su dojke ženki primata, pa i čoveka, punije kesaste tvorevine. Zbog čega je došlo do promena u izgledu dojki u odnosu na četvoronožne sisare? Pa zar prema legendi vučica nije dojila Romula i Rema? Jeste, ali to dojenje je u velikoj meri bilo neodgovarajuće. Pas, vuk i slične životinje imaju izduženu donju i gornju čeljust, odnosno njušku, koju nemaju primati i čovek. Zato je priroda morala da modifikuje oblik dojki — ono što jednim sisarima odgovara, ne odgovara i drugima.

Ako pogledamo presek cveta sa organima za reprodukciju, tučkom i prašnicima, zaključićemo da tučak u velikoj meri podseća na vaginu sa jajnim ćelijama, a prašnici na penis. Pošto je cvet zbog mehanizma oplođavanja u suštini dvopolan, tučak i prašnici su okupljeni na jednom mestu, a prašnika ima više radi povećane mogućnosti oplodnje. Tako uz pomoć samo letimične analize dolazimo do zaključka koji nam je u početku izgledao neprihvatljiv — većina biljaka i životinja, među kojima i čovek, razmnožava se na sličan način.

Čemu ove dve male analize? Da nam još jednom pokažu da nismo „izvan" i „iznad" prirode i svog okruženja, da nismo toliko specifični i unikatni kao što najčešće volimo da razmišljamo o sebi kao vrsti.

Jer, igrajući se Boga, možemo završiti u onome što je vladalo pre pojave svega na Zemlji — u haosu.

85

EGZOTIČNI POJAS (HULA-HULA)

Potrebne namirnice:
2 banane, 2 koluta ananasa, 5 smokvi, 5 urmi, 2 koluta grejpfruta, 2 koluta pomorandže, 30g rastopljene čokolade, 20ml ruma.

Način pripremanja:
Uzećemo malo veću iglu, provući jači konac kroz nju i vezati ga na kraju, tako da u stvari dobijemo dupli konac. Njegova dužina treba da bude tolika da ga možemo nesmetano vezati partneru oko struka. Zatim ćemo na iglu i konac nanizati sve gore nabrojano voće, prethodno očišćeno (banane moraju biti zelenije i čvršće), sa nekoliko centimetara razmaka između plodova. Voće ćemo nanizati naizmenično zbog podjednakog rasporeda.

Način serviranja:
Kad smo nanizali voće, pojas ćemo vezati partneru oko struka

(najbolje je da on stoji). Rastopljenu čokoladu ćemo izmešati sa rumom i pomoću šprica za tortu isprskati preko egzotičnog voća. Pri konzumiranju voće pridržavati rukom.

ANTOLOGIJA LEPOTE

Srednja i Južna Amerika prijatno nas iznenađuju još od sredine XX veka pa naovamo. Najpre Meksiko svojim legendarnim marijačijima i filmovima. Nedugo zatim otkrivamo čudesni, magijski svet pisaca (od kojih će neki postati Nobelovci) koji su svojim perima očarali ostatak sveta. A kao dragulj u kruni, najegzotičnije od svega su Venecuelanske lepotice koje su već nekoliko puta osvojile laskavu titulu Mis sveta. Vrela španska i portugalska krv pomešana sa još vrelijom krvlju indijanskih domorodaca dala je jedan od najlepših svetova ovog sveta — Latinsku Ameriku, punu muzike i uzavrelog temperamenta. I dalje ćemo otkrivati njene draži, udisati opojne mirise i opijati se zvucima neobičnih instrumenata. Južna Amerika svakako zaslužuje epitet lepotice među kontinentima.

86

SUNCE

Potrebne namirnice:
½ kesice pudinga, ¼ litra mleka, 1 mandarina, 2 pomorandže, 2 grejpfruta, malo likera (po želji).

Način pripremanja:
Puding pripremiti prema uputstvu na kesici. Kad bude gotov sipati ga u manju poluloptastu posudu (najbolje da njena zapremina bude malo veća od zapremine šoljice za kafu). Pre sipanja posudu ovlažiti vodom. Mandarine, pomorandže i grejpfrute oljuštiti i podeliti na kriške.

Način serviranja:
Na pupak partnera (on leži na leđima) pažljivo istresti ohlađeni i stegnuti puding, tako da pljosnatom stranom bude nadole, a poluloptastom gore. Oko njega poređati u krug kriške mandarine, pa onda u sve većim krugovima pomorandže i najzad grejpfrute. Po

želji preko kriški voća poprskati malo likera. Puding konzumirati kašičicom, a voće usnama.

EGZOTIČNO VOĆE

Pojam „egzotika" najčešće dovodimo u vezu sa geografijom i tu činimo grešku. Polinezija je egzotična za nas, a za Polinežane može biti egzotičan Mediteran.

Poznavaoci afrodizijaka nam od egzotičnog voća preporučuju banane, pomorandže, avokado itd. Ne sumnjamo u njihov izbor. Pozabavićemo se oblikom tog voća: većina podseća na delove ljudskog tela — pomorandža, kokosov orah i slične, liče na ženske grudi, a banana na penis. To je još jedan pokazatelj o kompaktnosti prirode.

I najzad, savet za one koji dospeju do egzotičnog mesta: ne treba da se dvoume između egzotičnog voća i egzotičnih lepotica — odaberite lepotice, jer voće možete naći u svakom bolje snabdevenom supermarketu.

87

PETLOVA KRESTA

Potrebne namirnice:
1 šlag od vanile, 1dl hladnog mleka, 4 kriške crvenog želea, nekoliko lešnika.

Način pripremanja:
Umutiti šlag prema receptu na kesici. Mutiti oko 5 minuta dok šlag ne dobije gustinu. Iseckati lešnike na komadiće.

Način serviranja:
Mazalicom za torte izvaditi šlag i dok partnerka leži na stomaku premazati joj šlagom celu guzu i kukove, kao i deo krsta otprilike u obliku i površini koje zahvataju vruće pantalonice. Preko toga razbacati komadiće lešnika. U žleb između dve polovine guze stavite uspravno 4 kriške želea. Konzumirati jezikom.

Najbolja partnerka za ovaj recept bila bi svakako Francuskinja — zbog galskog petla. Međutim, kao što ćete videti iz sledećeg zapisa, imaju Gali, odnosno (pra)Gali da se pohvale još nekim stvarima...

PEĆINSKA LEPOTICA

Dugo, veoma dugo bili smo u zabludi u pogledu naših predaka koji su živeli u pećinama. Sažaljevali smo ih zbog njihovog teškog i potpuno nekomfornog života, zbog lova, kada su svaki put bukvalno stavljali glavu u torbu.

Divili smo se magiji i otmenoj jednostavnosti njihovih crteža na zidovima pećina, uz pomoć kojih su životinje lakše pretvarali u plen. Uopšte uzevši, bili smo bolećivi prema tim bićima koja su se tek penjala na prvi stepenik civilizacijske lestvice.

Međutim, nedavno otkriće u pećini Kusak u Francuskoj, pokazuje da su naši davni preci bili aktivni i na seksualnom planu. Ovo smo uglavnom do sad previđali kao jednu od važnijih aktivnosti pećinskih ljudi.

Prvi nađeni crtež, zapravo samo obrisi nage žene, i te kako dokazuju da se mozak našeg pretka nije bavio samo životinjama i lovom na njih. Predak je pokušavao (i obično uspevao, jer da nije već bi odavno izumro) da ulovi i neku „lepoticu" ispod pećinskog svoda. Očaran njenom lepotom ostavio nam je njenu „sliku" načinjenu neveštom rukom. Ruku neveštu slikanju usavršavao je kroz istoriju, a ljubav i lov je morao usavršiti odmah, jer je od te dve stvari najviše zavisio opstanak pećinskog plemena.

Ovo otkriće najviše raduje same Francuze. Legenda o francuskom ljubavniku, o petlu, potkrepljena je na ovaj način i materijalnim dokazom starim oko 28.000 godina. Sada se na ljubavni život pradavnih Francuza niko ne može — praviti Englez.

88

VOĆNA „DUGMAD"

Potrebne namirnice:
6 urmi, 6 manjih kajsija, 5 polovina kocki ratluka (bez oraha).

Način pripremanja:
Urme malo zasečemo s jedne strane tako da imaju ravnu površinu da se ne kotrljaju. Kajsije isečemo popola i izvadimo im košticu. Kocke ratluka isečemo uzdužno napola.

Način serviranja:
Urme poređamo poprečno od pupka do grla (partner leži na leđima). Sa oba kraja svake urme stavimo po jednu polovinu kajsije. Između urmi stavimo po jednu polovinu kockice ratluka. Konzumiramo od grla naniže.

DUGME

Dugme se na svetskoj modnoj i svakodnevnoj sceni pojavilo kad kopča više nije mogla da ispuni sve zahteve koji su pred nju postavljani.

Višeslojna odeća pripijena uz telo, zahtevala je puno sitnije ili krupnije dugmadi. Tolikom broju dugmadi više su se radovale žene (one su ih na odeći imale više od muškaraca) jer su trošile, same ili zajedno sa sluškinjama koje su često pomagale pri zakopčavnju, po čitave sate na oblačenje i doterivanje.

Muškarci, pogotovu ljubavnici, noću su imali problem s tolikim dugmićima. Zbog toga su odustajali od potpunog svlačenja partnerke, a u težim slučajevima i od ljubavnih avantura.

U drugoj polovini XX veka, onima koji ne vole da se bakću oko dugmadi, sreća se ponovo nasmešila. Na scenu stupa patent zatvarač — rajsferšlus, kao poručen za brzi seks. A dugme? Ono se još uvek čvrsto drži na muškim i ženskim pantalonama (iznad dotičnog rajsferšlusa) i tu će bez sumnje još dugo ostati — bar do nekog novog, epohalnog modnog izuma.

89

VOĆNA NISKA

Potrebne namirnice:
10 višanja (sveže ili iz kompota), 10 trešanja, med, liker.

Način pripremanja:
Višnje i trešnje oprati i izvaditi im koštice. Zatim uzeti iglu i konac (saviti ga dvostruko) i nanizati na njega naizmenično višnje i trešnje. Na obe strane tako dobijene niske vezati malo veći čvor da višnje i trešnje ne ispadnu. Nisku provući 2 puta sa obe strane kroz med, pa kroz liker (med i liker je najbolje sipati u 2 plitka tanjira).

Način serviranja:
Partnerka leži na leđima malo raširenih butina. Nisku staviti jednim krajem na njen venerin brežuljak, a sredinu i drugi kraj spustiti dole između butina dokle niska doseže.

Sušta suprotnost ovoj slatkoj i afrodizijačkoj voćnoj niski je jedna prilično omražena naprava koja se takođe stavljala na ženske, a ponekad i na muške genitalije.

POJAS NEVINOSTI

Najčuveniji ljubomorko svih vremena je Šekspirov Otelo. Međutim, da je Dezdemona koristila pojas nevinosti do tragedije ne bi ni došlo, a gospodin Vilijam bi morao da potraži neki drugi motiv za svoju tragediju.

Šalu na stranu — pojasevi nevinosti su bez sumnje nekim ženama spasli glavu, mada su i nekim vitezovima po povratku iz dugih ratova priredili neprijatna iznenađenja u obliku neželjene tuđe dece.

Ova „preventivna zaštita" datira još s kraja III milenijuma pre nove ere, jer iz tog vremena imamo najstariji sačuvani dokaz o postojanju pojasa nevinosti — statuetu iz Suze — nagu žensku figuru od nasrtljivaca brane pojas nevinosti i zmija.

Zapis o pojasu nevinosti iz stare Grčke, nalazimo u *Odiseji*. Afrodita je prevarila svog zakonitog muža boga Hefesta i to baš sa deverom Aresom. Pošto su grčki bogovi imali ljudske osobine, nije trebalo dugo čekati na božansku reakciju prevarenog muža — naredio je, kao što bi učinio i svaki drugi smrtnik, da se za Afroditu iskuje pojas nevinosti.

Međutim, istorija iz svoje bogate riznice neobičnosti nudi i svrhu upotrebe pojasa nevinosti koja nije proizašla iz ljubomore. Budući da je mnogim lepim devojkama najveći miraz predstavljalo ono čime ih je obdarila sama priroda, po svaku cenu se morala sačuvati ta tanka devičanska opna. Kao zalogu nevinosti mladoženji je mladin otac predavao i ključ devojačkog blaga.

Nema sumnje da su vešti srednjevekovni kovači i te kako dobro živeli od kovanja oklopa za ratnike, okova za njihove dame i ključeva za te okove, odnosno pojaseve nevinosti. Najcenjeniji je, svakako, ipak bio duplikat ili čak triplikat ključa. Zabeleženo je da je u

Evropi u osam krstaških ratova poginulo oko 2.500.000 ljudi. Pa, priznaćete, neko je za to vreme morao i da pravi decu...

Pojas nevinosti, ipak, ma kako to čudno zvučalo, nije zaobišao ni muškarce. On se po konstrukciji razlikovao od ženskog. Njegov oblik je kopirao muške genitalije, a na kraju savijene metalne cevi u kojoj se nalazio penis, bio je otvor za uriniranje. S ovim pojasom erekcija nije bila moguća.

Ovakve „stege" nosili su poneki najpehičniji vojnici i oficiri u vreme viktorijanske Engleske. Kažem najpehičniji, jer trebalo je biti veliki pehista pa imati tako ljubomornu ženu.

90

JABUKE S KESTENOM

Potrebne namirnice:
2 veće jabuke, 1 pakovanje kesten pirea (oko 100g), 4 badema, malo šećera u prahu (po želji), malo meda (najviše jedna supena kašika).

Način pripremanja:
Jabuke oprati, izvaditi im peteljku i staviti u rernu da se peku oko 30 minuta na 200°C. Zatim ih iseći napola, izvaditi semenke i izdubiti otprilike koliko da zahvati supena kašika. U udubljenje staviti kesten pire koji smo prethodno izmešali sa medom. A zatim u udubljenje staviti po jedan badem.

Način serviranja:
Partnerka leži na leđima. Pre serviranja treba da skupi noge, podigne ih, savije u kolenu i da podigne butine toliko da čine ugao od 90 stepeni u odnosu na stomak. Dve polovine jabuka staviti na mali stomak, jednu na pupak, a jednu ispod dojki. Konzumirati kašičicom.

PRIMAMLJIVA JABUKA

Nijedna voćka nije toliko ukorenjena u hrišćansku civilizaciju i tradiciju kao jabuka. Počev od Adamove, ili bolje rečeno Evine jabuke, kroz istoriju se ređaju sve moguće vrste i podvrste ovih sisatih plodova.

Ni o jednoj voćki se nije toliko pisalo i govorilo kao o jabuci. Neke su ušle u istoriju, kao jabuke Vilijama Tela, a neke u nauku, kao ona koja je pala na glavu Isaka Njutna.

Pored raznih drugih mesta, jabuka je pre oko tri milenijuma dospela i u bajku. Ovde joj je, kao i u sagi o Adamu i Evi, takođe pripala negativna uloga. Mora da primami i da otruje prelepu Snežanu.

Najvažnija od svih osobina jabuke je baš ta — da primamljuje. Zar to ne čini i najveća jabuka na svetu The Big Apple (New York) — mami ljude da dođu i vide ovaj grad, bar jednom.

91

PUNJENA BANANA

Potrebne namirnice:
1 velika zrela banana, 50g badema, malo soka od limuna, malo ulja, malo soli, čokoladne mrvice.

Način pripremanja:
Bananu oljuštiti i preseći uzdužno napola. Izdubiti kanal celom dužinom obeju polovina. Badem iseckati i propržiti na ulju, i dodati malo soli. Polovine banane napuniti tim filom i dodati malo limuna. Banane zapeći u rerni oko 5 minuta na 180°C.

Način serviranja:
Partnerka leži na leđima priljubljenih nogu. Kad se banane malo prohlade pažljivo ih servirati na butine pored venerinog brežuljka, tako da zaobljenim delom budu bliže venerinom brežuljku, a vrhovima prema spoljnom delu butina. Preko banana posuti čokoladne mrvice.

SUKNJICA OD BANANA

Od kada je sveta i veka čovečanstvo se nagledalo najrazličitijih vrsta sukanja. Pravu revoluciju u ovoj oblasti izvela je, ničim drugim do makazama, gospođa Meri Kvant, skrativši što se može skratiti, na veliku radost muškog dela stanovništva.

Međutim, najomiljenija (najkraća i najhranljivija) suknjica svih vremena predstavlja kreaciju jedne druge gospođe koja nije baratala makazama, ali je takođe bila veoma poznata, naročito u Parizu između dva svetska rata. Reč je o pevačici i igračici Džozefini Beker i njenoj suknjici od nanizanih banana, ispod koje se nalazio Evin kostim.

Diskutabilno je koliko su banane skrivale, a koliko otkrivale. Ako bismo želeli da budemo pomalo maliciozni, mogli bismo citirati samu gospođu Beker, koja tvrdi da je najveći apluz za svoju tačku ipak dobila onom prilikom — kada u žurbi nije stigla da „obuče" suknjicu pre nastupa.

92

KUPAĆI KOSTIM OD JAGODE

Potrebne namirnice:
200g jagoda, 50g prah šećera, 1 pakovanje slatke pavlake (oko 100g), ½ manjeg limuna, čokoladne mrvice.

Način pripremanja:
U plastičnu posudu za miksovanje stavite očišćene i oprane jagode, šećer, pavlaku i sok od pola limuna, pa miksovati oko 3 minuta. Od dobijene količine napuniti jedan (do dva ako se ukaže potreba) šprica za torte. Prethodno možete smesu staviti u frižider, ali ne duže od 15-20 minuta, da suviše ne rashladite partnerku.

Način serviranja:
Špricom nacrtati spoljne ivice jednodelnog kupaćeg kostima i vrpce koje idu preko ključnjača u pravcu leđa (partnerka leži na leđima). Mazalicom za torte razmazati ostatak smese po celom omeđenom

prostoru, zaključno s preponama. Čokladne mrvice posuti po venerinom bregu. Konzumirati isključivo jezikom.

MAGIČNA JAGODA

Još su stari Grci uživali u slastima jagoda, ali svoju punu afirmaciju ovo voće dobija tek u XVI veku. Lekari, nadrilekari i pacijenti bili su prosto opčinjeni njenim lekovitim svojstvima. Sa manjim ili većim uspehom, pomoću jagode su lečili čireve, bolesti jetre, bubrega i bešike.

Druga strana njene magije pripisuje se afrodizijačkom svojstvu. O ovome nema nekih konkretnih dokaza. Ipak, uzimajući u obzir veliki sadržaj gvožđa u ovom voću, koje tako blagotvorno deluje na malokrvnost, lako se može zaključiti da popravljajući malokrvnost, jagoda indirektno utiče i na jačanje potencije.

Uostalom, već na prvi pogled, jagode neodoljivo asociraju na bradavice na ženskim grudima. A tako rečitoj magiji, teško je odoleti.

93

ČOKOLADNA KRESTA

Potrebne namirnice:
Desetak holi hip štapića (to je kupovni vafl savijen u obliku tompusa, unutra šupalj), 50g čokolade, 30ml mleka, 1 žumance, malo soka od limuna.

Način pripremanja:
Čokoladu otopiti, umutiti s mlekom i žumancetom. Ako je smesa suviše gusta dodati još malo mleka. Smesom napuniti špric za torte i njime puniti štapiće. Prilikom punjenja oni moraju biti u horizontalnom položaju. Na drugi kraj štapića stavite prst da fil ne iscuri. Zatim štapiće stavite jedan sat u frižider ili 15 minuta u friz da se smesa ohladi i stvrdne.

Način serviranja:
Partnerka leži na leđima malo raširenih butina i nogu. U ovalni žleb gde završava venerin brežuljak i počinju butine poređajte štapiće jedan pored drugog i poprskajte ih sokom od limuna. Kad poređate

štapiće partnerka nek stegne butine, ali ne previše. Ako vam je preostalo još fila, zagrejte ga tek toliko da se može mazati i namažite ga oko kreste.

IZAZOVNI ŠARM CRNINE

Lepota i šarm ne biraju mesto i vreme. Svako ko se ne plaši da bude iskren prema sebi, može priznati da je bar jednom u životu podlegao šarmu crnine.

Uostalom, crnina se ne nosi samo u slučaju smrti (iako može i te kako lepo stajati ponekoj mlađoj rođaci pokojnika). Crno kao neutralna boja, slaže se sa mnogim drugim bojama, a najviše se slaže sa svetlim inkarnatom tj. svetlom puti i plavom kosom. Plavuše to znaju još bolje od nas i kombinuju različite delove odeće, pogotovu bluze i brushaltere.

Iz ovog „crnog talasa" treba izdvojiti darkere, jer se oni oblače u crno manje iz modnih i šarmerskih razloga — kod njih je to više pitanje životnog stava.

Na samom vrhu „top-liste" šarmantne crnine je svakako crno donje rublje. Ako ga nosi totalna plavuša, a pod tim pojmom se osim plave kose podrazumevaju i plavičaste kovrdže na venerinom brežuljku, onda su reči suvišne, predlažem da smesta pređete s reči — na dela.

94

PUNJENE KAJSIJE

Potrebne namirnice:
3 velike tvrde kajsije, 6 jezgra oraha, 1 šlag, 1dl mleka, 1 kašičica ruma.

Način pripremanja:
Kajsije oprati i prepoloviti ih napola, izbacivši pri tom košticu. Pomešati šlag s mlekom i mutiti ga dok ne postane čvrst. Polovine kajsija zaseći sa donje, oble strane, tako da dobijemo ravnu površinu, da se ne bi prevrnule. U šupljinu kajsije staviti jezgro oraha, prekriti ga šlagom, i poprskati s nekoliko kapi ruma.

Način serviranja:
Partner stoji. Jednu nogu podigne na stolicu i savije u kolenu, tako da butina bude u horizontali. Šest polovina kajsija rasporediti od kolena do prepona. Konzumirati od kolena ka preponama pridržavajući rukom komade kajsija.

HILJADU LEPOTICA NA DAN

Brazilke spadaju u sam vrh svetskih lepotica. Lako je njima, reći će neupućeni, topla klima, vrela krv i obilje sambe. Međutim, kao i mnoge druge istine, istina o brazilskim lepoticama je prilično gorka. To telo koje se sa zanosom podaje vrelim taktovima sambe, taj simbol i fetiš, zahteva svakodnevni i mukotrpni rad. Treneri vrhunskih igračica zahtevaju da one vežbaju i po četiri sata dnevno. Celulit i strije su neprijatelj broj jedan i prava noćna mora za ove lepojke.

A onda, da bi im olakšala nošenje teškog bremena lepote, pojavila se estetska hirurgija. U prvim decenijama novog milenijuma čak hiljadu Brazilki dnevno prepuštalo je hirurzima plastične hirurgije da poprave i isprave ono što je pokvario i iskrivio biološki časovnik života. Najveći broj lepotica odlučio se za povećanje grudi.

95

SLATKI PREMAZ

Potrebne namirnice:
100g malina, 50g meda, 1 kašika višnjevače ili brendija, 3 badema.

Način pripremanja:
Operite maline a zatim pomešajte med i višnjevaču. Bademe iseckajte na sitne komadiće.

Način serviranja:
Na krstima partnerke (ona leži na stomaku) namažemo krug meda i višnjevače, tako da zahvati i deo guze, prečnika oko 20cm. Taj krug pospemo iseckanim bademima i podjednako rasporedimo maline po njemu. Konzumirajte jezikom.

STIMULANSI

Dodatih stimulansa nikad dovoljno. To je pravilo koje je čovek poštovao (i poštuje) već nekoliko hiljada godina. O dodatnim stimulansima, njihovim vrstama i podvrstama, mogla bi se napisati cela knjiga. Ovoga puta predlažem da malo zavirimo samo u jednu prostoriju ljudskog staništa — spavaću sobu.

U vreme najslavnijih dana Pompeje, unutrašnjost javnih kuća tog grada bila je ukrašena lascivnim mozaicima koji su prikazivali Prijapa, pohotne amore i ko zna šta još, na radost klijentele koje je bilo uvek u velikim količinama. Što se tiče samih spavaćih soba u starom Rimu, one nisu bile specijalno ukrašavane i seksualno „stimulativne" iz jednostavnog razloga, što je u to vreme pojam spavaće sobe bio veoma širok — spavalo se, odnosno kopuliralo na raznim mestima, bez preteranog ustezanja i lažnog srama.

Kako je vreme odmicalo spavaća soba bivala je sve ušuškanija, izolovanija i intimnija. Sobe su obilovale zastorima i draperijama, a na zidove su kačena ulja na platnu (najčešći motiv je bio akt). Slike su u nekoliko poslednjih decenija XX i početkom XXI veka evoluirale u erotske postere i tako po ceni postali, za razliku od nekadašnjih aktova, svima dostupne.

U ovom eseju ne smemo izostaviti osnovni „rekvizit" spavaće sobe, ono što nju i čini spavaćom — krevet. Teško bi bilo reći koji krevet bi mogao poneti titulu „najerotskiji krevet svih vremena", ali u uži izbor bi svakako ušao jedan veoma reprezentativni primerak — krevet ruske carice Katarine II. Njegov drveni ram je iz centimetra u centimetar bio izrezbaren i prepunjen penisima, sisama, dupetima i scenama svih mogućih vrsta kopulacija. Ovaj krevet je bio zaista „dostojan" svoje vlasnice, jer je carica bila nimfomanka *par exelance* i to nije krila.

96

RASHLAĐENA DINJA

Potrebne namirnice:
1 manja dinja, 100g malina, 1 slatka pavlaka, 30ml šerija, čokoladne mrvice, šećera po želji.

Način pripremanja:
Dinju oprati i iseći je na oko tri četvrtine na strani gde joj je peteljka, izvaditi semenke, pa je pažljivo izdubiti. Izdubljeno meso dinje pomešati sa malinama i šerijem (po želji malo zašećeriti), pa ga vratiti u dinju. Odozgo staviti slatku pavlaku i posuti čokoladnim mrvicama.

Način serviranja:
Pre konzumiraja dinju ohladiti u frižideru 20-30 minuta. Partnerka leži na stomaku skupljenih nogu. Dinju staviti na pregib kolena. Konzumirajte kašičicom zajedno sa vašom partnekom.

ČARI ETERIČNOG PLODA

Da li ste se ikad zapitali zašto je dinja tako fatalno erotična? Ona spada među nekoliko najerotičnijih plodova naše planete.

U vizuelnu erotiku spada dinjina sličnost sa delovima ženskog tela. Ako je mala, liči na oblikovanu dojku, ako je veća podseća na polovinu ženske guze. Kada se prepolovi, asocira na rađanje novog života. Na nedvosmisleno erotski način pobuđuje i naša čula mirisa i ukusa. Miriše eterično, a ukus joj je neponovljiv i fascinantan. Zato uživajte što češće u dinji — ali nikad sami.

97

BANANA S ČOKOLADOM

Potrebne namirnice:
Čvrsta banana poluzrela, 2 štanglice čokolade, 1 kašičica šerija.

Način pripremanja:
Bananu oljuštiti tri četvrtine, preliti je šerijem i izrendati čokoladu, pazeći pri tom da se čokolada lepo rasporedi.

Način serviranja:
Partnerka sedi na stolici, bananu stavite između njenih kolena, pri tom mora paziti da je ne zgnječi. Kad pojedete oljušteni deo banane oljuštite je do kraja i po želji prelijte s još malo šerija.

„NE IZNAD KOLENA"

Izvestan broj žena smatra da su posle laktova, kolena najseksipilniji deo ženskog tela (možda bi bilo maliciozno tvrditi da takve izjave daju žene koje imaju ružna kolena — pre bih rekao da takav stav imaju žene koje o svojim kolenima nisu nikada ozbiljnije razmišljale).

Međutim, ako se malo šire pozabavimo tim zglobovima, doći ćemo do interesantnih zaključaka.

Koleno predstavlja prirodnu, anatomsku sredinu noge, a od davnina je korišćeno i kao granica. U toplijim podnebljima odeća je sezala do kolena, iz praktičnih razloga, jer je preko te dužine kretanje malo otežano. U novije vreme ženske suknje merimo dužinom ispod i iznad kolena. Čuvena je i ženska izjava, koja muškarcu postavlja granicu u intimnijim dodirima: „Ne iznad kolena".

A sada da iskoristimo tu anatomsku sredinu noge. „Na kolena!" Taj uzvik se nebrojeno puta čuo kroz istoriju čovečanstva. Osoba koja se nalazi na kolenima je potčinjena, ona za trenutak ostavlja svoj ponos da bi klekla, da bi se pokorila. To je prvi korak u sadističko-mazohističkoj sprezi nadređenog i podređenog.

Kada je žena na kolenima njene usne više nisu blizu muškarčevim usnama — već njegovom penisu. Ako se pri tom nagne malo napred, oba njena otvora na dohvat su muškom udu (naravno, pod uslovom da i muškarac klekne iza nje).

Tako kolena od običnih zglobova postaju prava mala svetilišta erotskih igara.

98

ADAMOVA JABUKA

Potrebne namirnice:
1 manja jabuka, 20g želea, malo cimeta, 1 kašičica kalvadosa.

Način pripremanja:
Izrendati jabuku, a zatim sitno iseckati žele. Jabuku i žele dobro izmešati i dodati malo cimeta. U tu smesu dodajte kalvados.

Način serviranja:
Masu jabuka, želea i cimeta koja iznosi oko 2 supene kašike, pljosnato oblikovati i staviti na adamovu jabučicu i okolni deo vrata (partnerka leži na leđima). Jesti usnama i jezikom.

ADAM I NJEGOVE SPOZNAJE

Postoje mnoge jabuke i mnoga saznanja. Drevni Adam je, u osvit postojanja ljudskog roda, zagrizao prvu, možda najvažniju jabuku. Sledio je, kao što znamo, izgon iz Raja. Ljudski rod je potom spoznao mnoge stvari, čak možda više lošeg nego dobrog, ali tu nema izbora. To je cena spoznaje.

Već smo više od dve decenije zakoračili u treći milenijum. Pred savremenim Adamom je još jedna jabuka. Jabuka svemira u koji se polako otiskujemo. Na redu su, pored ostalog, i masovnija turistička putovanja u svemir, a turisti vole da vode ljubav. Tako dospevamo pred još jedno saznanje za koje smo bili uskraćeni. Pored seksa na kopnu, u vodi (koji hvali Suvarananbha u svojim spisima koji su prethodili Vatsjajaninoj *Kama Sutri*), Adamu predstoji i seks u bestežinskom stanju. Doduše, naučnici su već počeli da utiru put (kojim će, naravno, pre ili kasnije krenuti i Adam) i ka ovoj spoznaji. U orbiti je testirano deset poza koje su prošle kompjuterske simulacije na zemlji. Od toga su se četiri poze (među kojima nije „misionarska") pokazale kao moguće.

Kada zagazimo u četvrti milenijum, možda će tvorac neke buduće *Kama Sutre* tvrditi da je seks u bestežinskom stanju najveći domet ljudske erotike, ko zna?

Ipak je dobro što nam predstoji još jabuka i još saznanja.

BELEŠKA O PISCU

Oliver Janković rođen je 1957. godine u Beogradu gde je završio studije Slavistike na Filološkom fakultetu. Piše poeziju, prozu, drame i radio drame za decu i odrasle. Bavi se književnom kritikom a piše i aforizme i kratke satirične forme.

Objavio je sledeće knjige: *Mit i zavičaj* (2000, monografija, koautor), *Morska zvezda* (2000, priče za decu), *Rasprodaja duše* (2005, priče, drugo izdanje 2024), *Glas stvari* (2008, pesme za odrasle), *Talija i Melpomena* (2010, pesme za odrasle), *Dva rekvijema i pregršt života* (2015, pesme za odrasle), *Duhovitost je drskost koja je stekla obrazovanje* (2018, aforizmi i satirične priče, koautor sa Blagom Janković), *Srećan kraj* (2019, roman za decu), *Saga o Feniksovoj smrti* (2020, roman, drugo izdanje 2023), *Antikvarnica* (2022, priče), *Tajanstveni slučajevi inspektora Tražića* (2022, roman za decu); dramska dela: *Major Gavrilović* (monodrama, Narodno pozorište Sombor 2001), *Najvažnija unuka na svetu* (monodrama za decu, Novi Sad 2001), *Diskrecija zagarantovana* (monodrama za odrasle 2007), *Moj deda Hogar* (pozorišna predstava za decu, Beograd 2018), *La Madalena* (radio drama dvojezično izdanje engleski/srpski 2020). Na Radio Skoplju, Radio Beogradu i Radio Novom Sadu emitovano mu je dvanaest radio drama za decu i odrasle. Član je UKS-a i BAK-a.

Dobitnik je nagrade Adam Mickjevič za ukupno stvaralaštvo.

SADRŽAJ

Erotika i kuhinja kroz vekove..........1
Nekoliko praktičnih saveta uz kuvar..........8

Hladna jela..........11
LAŽNE KNEDLE OD SIRA..........13
NAMAZ OD SARDINA..........15
PUNJENI PARADAJZ..........17
KOMBINOVANA SALATA..........19
EGZOTIČNA SALATA..........21
„JEDRILICE" OD ŠUNKE..........23
KANAPEI „IZLAZEĆE SUNCE"..........25
TATARSKI UMAK S TUNJEVINOM..........27
BADEMOV MASLAC SA ŠUNKOM..........29
KESTEN PIRE SA SLANIM PRELIVOM..........31
PUNJENA PAPRIKA..........33
SALATA SA ŠUNKOM..........35
SENDVIČI S ROTKVICAMA I ŠUNKOM..........37
HLADNI PRELIV S VIRŠLOM..........40
„E-BOMBA"..........42
„SIRENA"..........44
„PEČURKE"..........46
TUNJEVINA S PRILOGOM..........48

Topla jela.......51

„MEDITERANSKO SUNCE".......53
VIRŠLE I JAJA S NADEVOM.......55
BIFTEK S BIBEROM.......57
ĆUFTE S KIKIRIKIJEM.......60
UVIJENE SAFALADE.......62
ODRESCI S MASLINAMA.......65
PILEĆI RAŽNJIĆI.......67
ROLAT PITA À LA FRANÇAIS.......70
PUNJENO PECIVO.......73
TOPLI SENDVIČI S VIRŠLAMA.......75
ŠPAGETI MILANEZE.......78
SAVIJAČA SA MESOM.......80
SAVIJAČA SA SPANAĆEM.......82
ZAPEČENE KNEDLE OD SIRA.......85
PRUTIĆI OD LISNATOG TESTA S PARMEZANOM.......87
RIMSKE ZVEZDICE.......89
JAJA NA OKO SA ŠUNKOM.......91
DEVIČANSKI OMLET S MASLINAMA.......93
PROLEĆNI OMLET S KORICAMA.......95
TVRDO KUVANA JAJA À LA TOULON.......97
PASTRMKA S BADEMIMA.....100
TELEĆI KOTLET NA ENGLESKI NAČIN.....102
PILEĆI FILE S LEŠNICIMA.....105
KUKURUZ U KLIPU.....107
ŠARGAREPA U PAVLACI.....109
PRŽENI KROMPIRI S BADEMOM.....111
PEČENI KROMPIR U LJUSCI.....113
PENASTI PIRE KROMPIR.....116
KROMPIR-EKSPRES.....118
OMLET MARTINIK S MRVICAMA.....121

VIRŠLE S PRILOGOM.....123
SLANA KECELJA OD TESTA.....125
KRMENADLA S PRILOGOM.....127

Kolači i slatkiši.....129
ŠLAG S JAGODAMA.....131
ČOKOLADNI PRELIV.....133
KUGLICE OD SMOKAVA.....135
MINI-DESERT SA VIŠNJAMA.....137
BIKINI PALAČINKE.....139
SENDVIČ S KRUŠKAMA.....141
PUDING OD KAČAMAKA.....144
KOLAČIĆI OD KOKOSA.....146
MORŽ SLATKIŠ.....149
RUM-ŠLAG 69.....152
TANGA.....154
JABUKE S PEKMEZOM.....156
POMORANDŽA NAPOLITANA.....158
PRŽENE — BIKINI BANANE.....160
PUNJENA POMORANDŽA — AFRODITA.....162
SUVE SMOKVE U VINU.....164
PEČENA DINJA.....167
ZAPEČENI GREJPFRUTI.....169
ČUPAVI KOLAČIĆI.....172
OGRLICA OD REZANACA SA ČOKOLADOM.....175
MAKARONI U ČOKOLAD-KREMU.....178
FRANCUSKA PITA S JAGODAMA À LA MARQUISE.....180
TORTILETE S ANANASOM.....183
KUGLICE OD KESTENJA.....185
PALAČINKE „SRCE".....187
POHOVANI ANANAS.....189

POMORANDŽE-LAĐICE.....191
„VRUĆE PANTALONICE".....193
DOMAĆI SLADOLED.....195
PUNJENI GREJPFRUT.....197
PIJANI ŠLAG.....199
SLATKA KECELJA OD TESTA.....201
CVETOVI OD MANDARINE.....203
EGZOTIČNI POJAS (HULA-HULA).....206
SUNCE.....208
PETLOVA KRESTA.....210
VOĆNA „DUGMAD".....212
VOĆNA NISKA.....214
JABUKE S KESTENOM.....217
PUNJENA BANANA.....219
KUPAĆI KOSTIM OD JAGODE.....221
ČOKOLADNA KRESTA.....223
PUNJENE KAJSIJE.....225
SLATKI PREMAZ.....227
RASHLAĐENA DINJA.....229
BANANA S ČOKOLADOM.....231
ADAMOVA JABUKA.....233

Beleška o piscu.....235

Oliver Janković
MALI EROTSKI KUVAR

London, 2024

Izdavač
Globland Books
27 Old Gloucester Street
London, WC1N 3AX
United Kingdom
www.globlandbooks.com
info@globlandbooks.com

www.ingramcontent.com/pod-product-compliance
Lightning Source LLC
Chambersburg PA
CBHW070658120526
44590CB00013BA/1009